Dieser Band ist ein kleines *Germania*-Kompendium. Er enthält den vollständigen lateinischen Text (mit Lesarten) und, in Paralleldruck, eine deutsche Übersetzung. Vorangestellt ist eine kurze Einführung in das Werk und seine Geschichte. In einem umfangreichen Anhang werden Kapitel für Kapitel weitere antike Quellen zitiert und die Ergebnisse der späteren Forschung mitgeteilt. Eine Bibliographie gibt Hinweise auf wichtige neuere Sekundärliteratur.

Philologen, Studenten, Kollegiaten werden in diesem Band «ihre» *Germania*-Ausgabe erkennen. Aber auch Leser, die nur wieder einmal etwas Latein treiben möchten, werden ihn schätzen. Schließlich auch jene, die sich gar nicht für die Sprache, wohl aber für die Sache interessieren.

Niemand mehr gerät durch die *Germania* in nationales Schwärmen: Längst sind wir den überfütterten und komplizierten Bürgern der römischen Kaiserzeit, für die Tacitus seinen Bericht aus einer rauhen und unverdorbenen Welt geschrieben hat, ähnlicher als den germanischen Wehrbauern, die «unsere Vorfahren» waren. Aktuell ist die *Germania* also in einem ganz neuen Sinn.

dtv zweisprachig · Edition Langewiesche-Brandt

P. Cornelius Tacitus

GERMANIA   Bericht über Germanien

lateinisch und deutsch

Übersetzt, kommentiert und herausgegeben von Josef Lindauer

Deutscher Taschenbuch Verlag

© 1975 Deutscher Taschenbuch Verlag GmbH & Co. KG, München
8. Auflage Januar 1991
Umschlaggestaltung: Celestino Piatti
Gesamtherstellung: Kösel, Kempten
Printed in Germany. ISBN 3-423-09101-0

EINFÜHRUNG

Leben und Werk des Tacitus

Kurz vor der Wende des 1. Jahrhunderts n. Chr. erschien in Rom eine schmale, aber bedeutsame Buchrolle über Germanien.

Der Verfasser des Werkchens, PUBLIUS (?) CORNELIUS TACITUS, war einer der größten Geister seiner Zeit. Trotzdem läßt sich über sein Leben nur wenig Sicheres sagen. Er wurde etwa 55/56 in Südgallien oder Norditalien (oder in der Belgica?) geboren. Der vornehme Stand der Eltern und die eigene Neigung bestimmten ihn für den Staatsdienst; der Weg dazu führte über die Redekunst. Tac. muß es darin zur Meisterschaft gebracht haben: von den Zeitgenossen wurde der erhabene Ernst seiner Reden bestaunt, und von weither strömten ihm Schüler zu. Die ersten Staatsämter, Quästur und Tribunat (oder Ädilität), erhielt er unter den flavischen Kaisern VESPASIAN (69–79) und TITUS (79–81). Im Jahre 88 wirkte er als Prätor und war Mitglied eines Priesterkollegiums, das den Kult ausländischer Gottheiten zu betreuen hatte. Dann ging er für etwa vier Jahre in die Militär- oder Zivilverwaltung einer Provinz. Nach seiner Rückkehr warteten auf ihn die schlimmsten Enttäuschungen: Kaiser DOMITIAN (81–96) war dabei, in Rom eine Despotie mit allen Schrecken aufzurichten, mit Blutgier, Anmaßung, Unterdrückung, Bespitzelung und Knebelung der geistigen Freiheit. Tac. entging der tödlichen Gefährdung wohl nur durch maßvolle Zurückhaltung: er dienerte nicht, er lästerte nicht, er schwieg. Aber die Bitterkeit über das Erlebte und Erlittene verließ ihn nie mehr; sie führte ihn auch zur Geschichtsschreibung. Denn als endlich der Tyrann ermordet war und die Freiheit des Wortes wieder auflebte, als mit NERVA (96–98) die alte Ordnung zurückzukehren schien, als Tac. im Jahre 97 sogar zum höchsten Staatsamt, zum Konsulat, berufen wurde und als schließlich mit TRAJAN (98–117) eine klare, kraftvolle Persönlichkeit auf den Thron gelangte, faßte er den Plan, ‹die Erinnerung an die frühere Knechtschaft und das Zeugnis der gegenwärtigen Segnungen› (*memoriam prioris servitutis ac testimonium praesentium bonorum*) für die Nachwelt festzuhalten.

Seine ersten Veröffentlichungen sind drei kleine Schriften, die wohl schon länger vorbereitet waren:

1. ‹Über das Leben und den Charakter des Julius Agricola› (*De*

vita et moribus Iulii Agricolae), ein Denkmal der Pietät gegenüber seinem im Jahre 93 verstorbenen Schwiegervater, der als Statthalter in Britannien pflichtbewußt und erfolgreich für Rom gewirkt hatte, aber von dem mißgünstigen Domitian ohne Dank abberufen worden war,

2. ‹Über den Ursprung und die Lage der Germanen› (*De origine et situ Germanorum*), kurz ‹Germania› genannt, ein Werk, in dem das politische Anliegen nur scheinbar zurücktritt,

3. ‹Das Gespräch über die Redner› (*Dialogus de oratoribus*), das sich hellsichtig und feinsinnig mit den Hintergründen des Niedergangs der Redekunst auseinandersetzt.

Dann veröffentlichte er die beiden großen Geschichtswerke, auf denen vor allem sein Ruhm beruht: die nur zu einem Drittel erhaltene ‹Zeitgeschichte› (*Historiae*) vom Dreikaiserjahr 69 (GALBA, OTHO, VITELLIUS) bis zur Ermordung DOMITIANS und schließlich die zu zwei Dritteln erhaltenen ‹Jahrbücher› (*Annales*) vom Tod des AUGUSTUS (14 n. Chr.) bis zum Tode NEROS (68). In ihnen tastet er sich immer weiter zurück zu den eigentlichen Anfängen und Ursachen des Verlustes der Freiheit und der Schändung der Welt. Betroffen von der Fragwürdigkeit und Dämonie politischer Macht, von der Lasterhaftigkeit und Tücke der Herrschenden, von der Unberechenbarkeit und Hintergründigkeit seelischer Vorgänge, gestaltet er das Leben der Bösen und das Sterben der Guten, eine wahrhafte Geschichtstragödie, die Mitleid und Furcht erregt.

Auch über den letzten Jahren des Historikers liegt Dunkel. Nach Ausweis einer Inschrift ist er noch Prokonsul der Provinz Asia gewesen; bald nach dem Regierungsantritt HADRIANS (117) muß er gestorben sein.

Sinn und Absicht der ‹Germania›

Daß die ‹Germania› geschrieben wurde, ist auffallend genug. Wieso hat der berühmte Redner und gewesene Konsul diese Schrift über die Feinde Roms oben im Norden, über ein fremdes Volk, verfaßt, mit solcher Sympathie verfaßt?

Gewiß ist die Germania keine erd- und völkerkundliche Studie, die etwa einer wissenschaftlichen Neigung des Verfassers entsprungen wäre; solches überließen die Römer den Griechen. Sie ist auch nicht bloß als Exkurs für die späteren Historien gedacht gewesen; denn in diesen findet sich ein etwas anderes Germanenbild.

Die Germania ist ein Werk eigener Art und wurzelt wie die anderen Werke des Tac. auch im Domitianerlebnis, in der politischen Haltung und in der Weltsicht des Autors.

Schon zu Anfang seiner Herrschaft hatte DOMITIAN den Ehrgeiz entwickelt, als Germanenbesieger in die Geschichte einzugehen. Er leitete persönlich im Jahre 82 (83?) eine Großoffensive gegen die Chatten (zwischen Lahn und unterem Main) und konnte tatsächlich die Reichsgrenze ein wenig vorschieben und festigen. Der Enderfolg einer Bezwingung des gefürchteten Gegners blieb aber aus; ihn mußte eine verlogene und aufdringliche Siegespropaganda drapieren: Domitian feierte einen pomphaften Triumph, prägte Münzen mit der Legende *Germania capta* (Germanien eingenommen!), beanspruchte den Ehrennamen ‹Germanicus› und ließ den Monat September in Germanicus umbenennen. Das alles muß Tac., der die Dinge besser wußte – möglich, daß er vier Jahre in einer Rheinprovinz tätig war –, so angewidert haben, daß er später mit Domitian darüber abrechnete und unter der Hülle einer völkerkundlichen Schrift den ganzen Wust der Lügen und Entstellungen beseitigte und die Wahrheit über die Germanen sagte.

Mag sein, daß die Schrift auch ein Beitrag zum politischen Tagesgespräch in Rom war; denn der neugewählte Kaiser TRAJAN weilte damals im Jahre 98 schon seit Monaten am Rhein, um die germanische Front zu befrieden. Sicher verfolgte und beredete die öffentliche Meinung seine Maßnahmen mit großer Aufmerksamkeit. Da kann es Tac. unternommen haben darzulegen, wie *er* das Verhältnis zwischen Rom und Germanien sah. Mochte es für die anderen nur eine äußere Angelegenheit der Militärs und Politiker sein, für ihn war es vor allem eine Sache der seelischen Dynamik und der gelebten Ethik zweier verschiedener Völker.

In Rom waren im letzten Jahrhundert Hemmungslosigkeit und Genußsucht verheerend eingebrochen, und in langer Agonie war die freiheitliche Gesinnung und die gesunde, männliche Kraft (*virtus*) von einst dahingestorben. Bei den verachteten Germanen aber schien das alles noch lebendig: urtümliche Kraft, innere Stärke, ungebrochene Freiheit, selbstverständliche Einfachheit. Welche Bilanz! Nur die Gegner Roms besaßen noch die Eigenschaften, die Rom einmal groß gemacht hatten. Daher auch die durchgängige Antithetik im Werk, der dauernde Vergleich zwischen einst und jetzt, zwischen Rom und Germanien.

Man weiß, daß damals bei den Einsichtigen eine merkliche Zivilisationsmüdigkeit herrschte und daß, wie sich sogar wortstatistisch zeigen läßt, gerade die Idee vom ‹einfachen Leben› immer wieder zur Diskussion stand. Die ‹Germania› muß darum auch als ein Beitrag zu den gesellschaftsethischen Fragen der Zeit verstanden werden. Jedenfalls hat der Autor die Einfachheit (*simplicitas*) der Germanen zum Leitgedanken des allgemeinen Teils seiner Schrift gemacht und mit fühlbarer Anteilnahme geschildert. Diese Einfachheit hatte die Philosophie und Ethnographie an den Naturvölkern (z. B. den Indern, Skythen und Hyperboreern) seit langem gefunden und gepriesen, an den Germanen hat sie erst Tac. (neben der vor ihm schon bewunderten Freiheitsliebe und Tapferkeit) so bedeutsam hervorgehoben. Er streicht aber nicht, wie andere Beobachter, geringschätzig das große Kulturgefälle zwischen Römern und Barbaren heraus, sondern läßt den nördlichen Völkern ihre Eigenart und ihren Eigenwert.

Quellen und ethnographische Tradition

Man darf mit der Möglichkeit rechnen, daß Tac. eine Zeitlang (mit dem Schwiegervater oder als Beamter?) in der Rheingegend gewesen ist und vieles aus dem germanischen Leben selber beobachtet hat. Seine Angaben sind jedenfalls, wie die moderne Forschung zeigen konnte, im ganzen zuverlässig und richtig.

Wahrscheinlicher ist aber, daß er seinen Stoff aus anderen Quellen schöpfte, vor allem aus Berichten und Aufzeichnungen von Freunden, Bekannten, Offizieren und Kaufleuten, die in Germanien tätig waren; diese haben wohl auch Auffassung und Auswahl mitbestimmt. Dazu konnte Tac. die seit über 150 Jahren angesammelte völkerkundliche Literatur auswerten: POSEIDONIOS aus Apameia in Syrien (135–51 v. Chr.), der vielseitige griechische Gelehrte seiner Zeit, hatte im 30. Buch seiner ‹Historien› wahrscheinlich eine Beschreibung der Germanen gegeben, diese aber noch als Teilvolk der Kelten aufgefaßt; CAESAR (100–44 v. Chr.), der überragende Feldherr und Staatsmann, den Tac. selbst in Kap. 28 als wichtigsten Gewährsmann anführt, hatte als erster klar die Germanen von den Kelten unterschieden und in sein Werk ‹Über den Gallischen Krieg› zwei Kurzdarstellungen ihrer Lebensweise eingebaut (vgl. S. 71); von LIVIUS (59 v. – 17 n. Chr.), dem berühmten Geschichtsschreiber, waren im 104. Buch seiner bänderreichen ‹Römischen Geschichte› neben den wechselvollen Kämpfen auch Germaniens Lage und Sitten behandelt worden, und PLINIUS DER ÄLTERE (gest. 79 n. Chr.) schließlich hatte aufgrund langjähriger eigener Diensterfahrung in 20 Bänden, die leider verloren sind, die ‹*Germanenkriege*› vom Auftreten der Kimbern bis zum Jahre 47 n. Chr. beschrieben. Sogar eine auf Vermessungen gestützte ‹Weltkarte›, aus der man die Lage der einzelnen Stämme ersehen konnte, war unter der Leitung AGRIPPAS in der Nähe des Pantheons aufgestellt worden. Tac. wahrt diesen Quellen gegenüber durchaus sein selbständiges Urteil; denn er ändert und erweitert und bessert da und dort.

Abhängig ist er gerade da, wo es der moderne Leser am wenigsten vermutet: Für fast jede Literaturgattung hat sich in der Antike eine feste Tradition und Typologie herausgebildet, aus der ein Autor nicht willkürlich ausbrechen durfte. Er mußte sich an bestimmte vorgeprägte Fragestellungen, Motive (sog. Topoi), Bauschemata und Ausdrucksweisen halten, wollte er keine Stil- und Regelwidrigkeit begehen. Ja, manche Anschauungen galten seit dem 5. Jahrhundert (seit HEKATAIOS VON MILET und HERODOTOS VON HALIKARNASS) in ethnographischen Werken fast wie Dogmen, z. B. daß Naturvölker einen bild- und tempellosen Kult haben, daß sie sich aus Edelmetallen nichts machen, daß sie maßlos und ungestüm sein können usw. Verständlich also, daß in der ‹*Germania*› Übereinstimmungen mit griechischen Ethnographien festzustellen sind; und wenn insbesondere Herodots Skythendarstellung (IV 5–15) gelegentlich anklingt, kommt das daher, daß man bis ins 1. Jahrhundert hinein die Germanen als ‹Kelto-Skythen› ansah. Dieser engen Bindung an die Tradition gegenüber wahrt sich Tac. aber die Freiheit der Gestaltung: Er übernimmt einen ethnographischen Topos meist nur dann, wenn er tatsächlich einer Gegebenheit entspricht, er deutet die Einzelerscheinungen auf seine Weise und richtet die ganze Schrift nach römischen Wertbegriffen aus (z. B. *libertas, virtus, fortitudo, honos, dignitas*), vor allem formt er den Stoff nach literarischen Gesichtspunkten.

Formung und Darstellung

In der künstlerischen Gestaltung hat Tac. alle seine Vorgänger weit hinter sich gelassen. Das zeigt sich schon in der ebenmäßigen Gliederung der Stoffmasse. Er zerlegt sie nämlich, was keiner der früheren Ethnographen tut, in einen allgemeinen Teil (Kap. 1–27) und in einen besonderen (Kap. 28–46). Den allgemeinen spaltet er nach den einleitenden Bemerkungen über Grenzen, Urgeschichte und Beschaffenheit des Landes wieder in zwei fast gleich große

Abschnitte ‹Öffentliches Leben› und ‹Privates Leben›, den besonderen unterteilt er nach den zwei Völkergruppen der Westgermanen und der Sueben. Um hier das Gewirr der verschiedenen Stämme überschaubar zu machen, ordnet er sie zu acht Gruppen oder Streifen (mit meist je drei Stämmen) zusammen und schreitet sie an den Grenzflüssen und Grenzmeeren entlang ab. Über die einzelnen Sachbereiche und Völkergebiete deckt er dann das Band einiger weniger Hauptmotive, so daß der Stoff auch von innen her Einheitlichkeit und Geschlossenheit gewinnt.

Noch mehr! Die Symmetrien dieser Form werden im allgemeinen Teil von Abschnitt zu Abschnitt wieder verdeckt und verwischt durch gleitende assoziative Übergänge, wie sie im völkerkundlichen Schrifttum schon lange angewandt, aber erst von Tac. bis zum letzten vervollkommnet wurden: Ein Gedanke läuft in ein Wort aus, das zugleich Stichwort für den nächsten Gedanken ist; so geht Gedanke aus Gedanke und Motiv aus Motiv hervor, ganz zwanglos, als plaudere der Autor nur über seinen Stoff. Bewußte Gestaltung und scheinbare Naturgewachsenheit durchdringen sich.

In dieses fast gekünstelte Gitternetz ordnet Tac. die Menge der Einzelangaben ein – man hat über ein halbes Tausend gezählt – bald nüchtern berichtend, bald kühn neuernd, bald knapp andeutend, bald rhetorisch ausschmückend, bald sentenziös zuspitzend. Das Ganze wiederum ist gehoben und getragen von einem Stil, der überall das unnachahmliche, vielgerühmte ‹Taciteische› zeigt und den auch das Altertum nur mit den blassen Begriffen der Erhabenheit (σεμνότης, *gravitas*), der Kürze (*brevitas*), des Wechsels (*variatio*) und des poetischen Kolorits (*color poeticus*) zu umschreiben vermochte. Man kann Tac. nicht durchlesen, sondern nur durchdenken.

Wiederentdeckung und Erforschung

Wie die ‹Germania› auf die Zeitgenossen wirkte, ist unbekannt; denn das herbe, schwere Werk des Tac. blieb breiteren Schichten verschlossen. Es findet auch keine Aufnahme in den Kanon der Schulschriftsteller.

Im Mittelalter ist die ‹Germania› fast ganz verschollen und vergessen. Ein merkwürdiges Geschick hat es jedoch gefügt, daß sie in Deutschland erhalten blieb. Der Ruhm, sie zusammen mit den zwei anderen kleinen Werken des Tac. gerettet zu haben, gebührt Fulda. Dort wurde nämlich im 9. Jh. im Skriptorium des Klosters eine Handschrift gefertigt, die dann für ein halbes Jahrtausend – verstaubte. Nur von einem einzigen Mönch, RUDOLF VON FULDA, wissen wir, daß er die ‹Germania› (Kap. 4, 9 und 10) merklich ausgewertet hat, und zwar für seine Schilderung der Übertragung des hl. Alexander ins sächsische Wideshausen im Jahre 851.

Fast romanhaft muten die Wege an, die zur Wiederentdeckung dieser Handschrift führten. 1424 lernte der Benediktinermönch HEINRICH VON GREBENSTEIN aus dem Kloster Hersfeld anläßlich einer Vorsprache bei der Kurie in Rom den Humanisten und päpstlichen Sekretär POGGIO BRACCIOLINI kennen, und schon kurz darauf verhandelte er – es schien ein Vorteil herauszuspringen – mit ihm wegen der Übersendung der begehrten Handschrift (des sog. *Codex Hersfeldensis*) aus dem Kloster Fulda. Nach langem Hin und Her gelangte sie tatsächlich über die Alpen und lag vermutlich im Jahre 1427, gewiß aber 1455, in Rom, wo sie abgeschrieben und dann wahrscheinlich in Teilen weiterveräußert wurde; 1902 konnte das meiste in einer Bibliothek in Jesi bei Ancona aufgefunden werden.

Gedruckt wurde die Germania 1470 in Venedig, 1473 dann in Nürnberg; eine spürbare Wirkung ist aber noch kaum festzustellen, dazu bedurfte es noch eines Anstoßes: 1496 erschien in Leipzig eine schon 1457–1458 verfaßte ‹Germania› des verstorbenen Kardinals und Papstes ENEA SILVIO PICCOLOMINI (Pius II.), in der aus kirchenpolitischen Gründen das alte und neue Deutschland einander gegenübergestellt sind. Erst jetzt werden die deutschen Humanisten auf die Taciteische Schrift aufmerksam – zwei Menschenalter nach der Wiederentdeckung. Sofort setzt eine Welle wissenschaftlicher Bemühung und nationaler Begeisterung ein, man findet sogar zu einer neuen deutschen Geschichtsschreibung. CONRAD CELTIS, der deutsche ‹Erzhumanist›, BEATUS RHENANUS, der kritische Denker, und ANDREAS ALTHAMER, dessen Germaniakommentar von 1536 bereits 341 Seiten umfaßt, sind die Archegeten.

In der Folgezeit wirken dann die ‹Annalen› des Tacitus viel tiefer auf die geistesgeschichtlichen Bewegungen ein als die ‹Germania›; ihr widmet man erst im 19. und 20. Jahrhundert, wo sich die germanistische Wissenschaft in ungeahnter Weise entfaltet, wieder ein wirklich intensives Studium. Durch die Leistungen eines K. MÜLLENHOFF, E. NORDEN, R. MUCH und vieler anderer sind bis heute so viele Einzelerkenntnisse zusammengetragen worden, daß ein Mehr kaum noch möglich scheint.

P. CORNELII TACITI
DE ORIGINE ET SITU GERMANORUM
LIBER

I

Germania omnis a Gallis Raetisque et Pan-
noniis Rheno et Danuvio fluminibus, a Sarmatis Dacisque mutuo metu aut montibus
separatur; cetera Oceanus ambit, latos sinus
et insularum immensa spatia complectens,
nuper cognitis quibusdam gentibus ac regibus,
quos bellum aperuit.

Rhenus Raeticarum Alpium inaccesso ac
praecipiti vertice ortus modico flexu in occidentem versus septentrionali Oceano misce-
tur. Danuvius molli et clementer edito montis
Abnobae iugo effusus pluris populos adit, donec in Ponticum mare sex meatibus erumpat;
septimum os paludibus hauritur.

II

Ipsos Germanos indigenas crediderim minimeque aliarum gentium adventibus et hospitiis mixtos, quia nec terra olim, sed classibus
advehebantur, qui mutare sedes quaerebant,
et immensus ultra, utque sic dixerim, adversus Oceanus raris ab orbe nostro navibus adi-
tur. quis porro, praeter periculum horridi et
ignoti maris, Asia aut Africa aut Italia relicta
Germaniam peteret, informem terris, asperam
caelo, tristem cultu aspectuque, nisi si patria
sit?

Celebrant carminibus antiquis, quod unum
apud illos memoriae et annalium genus est,
Tuistonem[1] deum Terra editum. ei filium
Mannum, originem gentis conditoremque,
Manno tris filios assignant, e quorum nomi-

P. CORNELIUS TACITUS
ÜBER DEN URSPRUNG UND DIE LAGE
DER GERMANEN

1

Germanien insgesamt ist von den Galliern, den Rätern und Pannoniern durch die Ströme Rhein und Donau von den Sarmaten und Dakern durch beiderseitige Furcht oder Berge abgegrenzt; die übrigen Gebiete umgibt das Meer, das weite Landausbuchtungen und unermeßliche Inselräume einschließt; in neuerer Zeit erst sind dort einige Völkerschaften und Könige bekannt geworden, die ein Kriegszug erschlossen hat.

Der Rhein entspringt auf einem unzugänglichen, abschüssigen Gipfel der Rätischen Alpen, wendet sich dann in mäßiger Biegung westwärts und vereinigt sich mit dem Nordmeer. Die Donau entströmt einem sanften, nur leicht ansteigenden Höhenrücken des Schwarzwaldes, kommt zu ziemlich vielen Völkern, bis sie schließlich in sechs Rinnen ins Schwarze Meer durchbricht; ein siebter Mündungsarm versickert in Sümpfen.

2

Die Germanen selbst sind Ureinwohner, wie ich glauben möchte, und durch Zuwanderung und Aufnahme fremder Stämme gar nicht vermischt; denn wer in der Frühzeit sein Wohngebiet zu wechseln suchte, kam nicht auf dem Landweg, sondern zu Schiff; auch wird der unermeßlich weite und uns sozusagen entgegengesetzte Ozean nur selten von Schiffen aus unseren Breiten besucht. Wer hätte ferner, abgesehen von den Fährnissen eines schaurigen, unbekannten Meeres, Asien oder Afrika oder Italien verlassen und Germanien ansteuern mögen, das so ungestaltet in seinen Landschaften, rauh in seinem Wetter und unfreundlich in Anbau und Aussehen ist – es müßte denn sein Heimatland sein?

In alten Liedern, der einzigen Art geschichtlicher Überlieferung bei ihnen, preisen sie Tuisto, einen erdentsprossenen Gott. Diesem schreiben sie einen Sohn Mannus zu, den Ahnherrn und Begründer ihres Volkes, dem Mannus wieder drei Söhne, nach deren Namen sich die Stämme an der Meeresküste Ingaevonen,

nibus proximi Oceano Ingaevones, medii Herminones, ceteri Istaevones vocentur. quidam, ut in licentia vetustatis, pluris deo ortos plurisque gentis appellationes, Marsos Gambrivios Suebos Vandilios, affirmant, eaque vera et antiqua nomina.

Ceterum Germaniae vocabulum recens et nuper additum, quoniam qui primi Rhenum transgressi Gallos expulerint ac nunc Tungri, tunc Germani vocati sint; ita nationis nomen, non gentis evaluisse paulatim, ut omnes primum a victore ob metum, mox etiam a se ipsis invento nomine Germani vocarentur.

III

Fuisse apud eos et Herculem memorant, primumque omnium virorum fortium ituri in proelia canunt. sunt illis haec quoque carmina, quorum relatu, quem barditum vocant, accendunt animos futuraeque pugnae fortunam ipso cantu augurantur; terrent enim trepidantve, prout sonuit acies, nec tam voces illae quam virtutis concentus videntur. affectatur praecipue asperitas soni et fractum murmur obiectis ad os scutis, quo plenior et gravior vox repercussu intumescat.

Ceterum et Ulixen quidam opinantur longo illo et fabuloso errore in hunc Oceanum delatum adisse Germaniae terras, Asciburgiumque, quod in ripa Rheni situm hodieque incolitur, ab illo constitutum nominatumque[2]; aram quin etiam Ulixi consecratam adiecto Laërtae patris nomine eodem loco olim repertam, monumentaque et tumulos quosdam Graecis litteris inscriptos in confinio Germaniae Raetiaeque adhuc extare. quae neque confirmare argumentis neque refellere in animo est: ex ingenio suo quisque demat vel addat fidem.

die in der Mitte des Landes Herminonen, die übrigen Istaevonen nennen. Manche behaupten auch – die Urzeit läßt hier ja freien Spielraum –, der Gott habe mehr (als drei) Söhne gehabt und es gebe darum mehr Stammesnamen, die Marser, Gambrivier, Sueben und Vandilier, und das seien die echten alten Namen.

Die Bezeichnung Germanien dagegen sei noch neu und erst kürzlich gegeben worden; denn es seien ursprünglich nur diejenigen, die als erste den Rhein überschritten und dann die Gallier verdrängten, die jetzigen Tungrer, Germanen genannt worden. Der Name dieses Einzelstammes, nicht der des Gesamtvolkes habe nach und nach weitere Geltung erlangt in der Weise, daß alle zuerst vom Sieger wegen der Furcht (die sich mit dem Namen verband), dann, nachdem der Name einmal aufgekommen war, auch von ihnen selber Germanen genannt wurden.

3

Man berichtet, daß auch Hercules bei ihnen gewesen sei, und wirklich besingen sie ihn als ersten aller Helden, wenn sie in ihre Kämpfe ziehen. Es gibt bei ihnen auch noch weitere Lieder, durch deren Wiedergabe, den sogenannten Barditus, sie ihren Mut anfeuern und den Ausgang eines bevorstehenden Kampfes allein schon aus dem Klang deuten. Denn sie erregen Schrecken oder haben selber Angst, je nachdem der Gesang der Kämpferreihe war; sie sehen hierin ja nicht lediglich Stimmen als vielmehr den Einklang ihres Mannesmuts. Erstrebt wird dabei vor allem ein rauhes Tönen und dumpfes Hervorstoßen; darum halten sie ihre Schilde vor den Mund, damit die Stimme durch den Widerhall voller und wuchtiger anschwillt.

Übrigens meinen manche, daß auch Odysseus auf seiner langen, sagenberühmten Irrfahrt in das dortige Weltmeer verschlagen worden sei und Germaniens Länder aufgesucht habe und daß Asciburgium, ein heute noch bewohnter Ort am Ufer des Rheins, von ihm gegründet und benannt worden sei. Ja sogar ein von Odysseus geweihter Altar, auf dem auch der Name seines Vaters Laërtes gestanden habe, sei einst an der gleichen Stelle aufgefunden worden, und einige Grabdenkmäler mit griechischen Inschriften gebe es jetzt noch im Grenzgebiet zwischen Germanien und Rätien. Es ist nicht meine Absicht, das alles mit Beweisgründen zu stützen oder zu widerlegen; jeder mag nach eigener Veranlagung seine Zustimmung geben oder versagen.

IV

Ipse eorum opinionibus accedo, qui Germaniae populos nullis aliis aliarum nationum conubiis infectos propriam et sinceram et tantum sui similem gentem extitisse arbitrantur. unde habitus quoque corporum, tamquam in tanto hominum numero, idem omnibus: truces et caerulei oculi, rutilae comae, magna corpora et tantum ad impetum valida. laboris atque operum non eadem patientia, minimeque sitim aestumque tolerare, frigora atque inediam caelo solove assueverunt.

V

Terra etsi aliquanto specie differt, in universum tamen aut silvis horrida aut paludibus foeda, humidior, qua Gallias, ventosior, qua Noricum ac Pannoniam aspicit. satis ferax, frugiferarum arborum inpatiens, pecorum fecunda, sed plerumque improcera; ne armentis quidem suus honor aut gloria frontis: numero gaudent, eaeque solae et gratissimae opes sunt.

Argentum et aurum propitiine an irati dii negaverint, dubito. nec tamen affirmaverim nullam Germaniae venam argentum aurumve gignere: quis enim scrutatus est? possessione et usu haud perinde afficiuntur. est videre apud illos argentea vasa legatis et principibus eorum muneri data non in alia vilitate quam quae humo finguntur. quamquam proximi ob usum commerciorum aurum et argentum in pretio habent formasque quasdam nostrae pecuniae agnoscunt atque eligunt; interiores simplicius et antiquius permutatione mercium utuntur. pecuniam probant veterem et diu notam, serratos bigatosque. argentum quoque magis quam aurum sequuntur, nulla affectione animi, sed quia numerus argenteorum

4

Ich selbst trete den Meinungen derer bei, die glauben, daß die Völker Germaniens nicht durch Zusammenheirat mit anderen Stämmen ungünstig beeinflußt wurden und deshalb ein eigengeprägter, reiner und nur sich selbst gleicher M e n s c h e n s c h l a g sind. Daher besitzen alle – und das bei dieser gewaltigen Bevölkerungszahl! – dasselbe körperliche Aussehen: trotzige, blaue Augen, rotblondes Haar und große Leiber, die freilich nur zum Angriff taugen. Bei mühsamer Arbeit zeigen sie keine entsprechende Ausdauer, und Durst und Hitze zu ertragen sind sie gar nicht gewohnt, wohl aber Kälte und Hunger infolge des Wetters und Bodens.

5

Das L a n d sieht zwar im einzelnen recht verschieden aus, ist jedoch im ganzen schaurig durch seine Urwälder oder häßlich durch seine Moore; es ist niederschlagsreicher gegen Gallien zu, windreicher (und daher trockener) gegen Noricum und Pannonien zu. Saatkorn trägt es recht gut, Obstbäume duldet es nicht, Vieh gibt es reichlich, aber zumeist nur einen kleinwüchsigen Schlag; selbst die Pflugtiere haben nicht ihr eigenartig stattliches Aussehen oder prächtiges Gehörn (wie in Italien). Lediglich an der Stückzahl hat man Freude, ist Vieh doch der einzige und beliebteste Reichtum.

S i l b e r und G o l d haben ihnen die Götter versagt, ob aus Huld oder Zorn, lasse ich dahingestellt. Damit möchte ich jedoch nicht behaupten, es enthalte überhaupt keine Ader in Germanien Silber oder Gold; wer hat denn schon danach geschürft? Aus dem Besitz und dem Gebrauch dieser Edelmetalle machen sie sich nicht sonderlich viel. Man kann beobachten, daß silberne Gefäße, die ihre Gesandten und Fürsten als Geschenk erhielten, bei ihnen keinen anderen Wert besitzen als aus Ton geformte. Unsere Grenznachbarn indessen wissen wegen des Handelsverkehrs Gold und Silber wohl zu schätzen, ja bestimmte Sorten unseres Geldes anerkennen und nehmen sie gern. Tiefer drinnen im Land dagegen treibt man in einfacherer, älterer Art noch Tauschhandel. Von unserem Geld sagt ihnen das alte, schon lange bekannte zu: die Stücke mit gezähntem Rand und die mit dem Bild eines Zweigespanns. Auch halten sie sich lieber ans Silber- als ans Goldgeld, nicht aus einer besonderen Vorliebe, sondern deshalb, weil die (größere) Zahl

facilior usui est promiscua ec vilia mercantibus.

Ne ferrum quidem superest, sicut ex genere telorum colligitur, rari gladiis aut maioribus lanceis utuntur: hastas vel ipsorum vocabulo frameas gerunt angusto et brevi ferro, sed ita acri et ad usum habili, ut eodem telo, prout ratio poscit, vel cominus vel eminus pugnent. et eques quidem scuto frameaque contentus est.

pedites et missilia spargunt, pluraque singuli, atque in immensum vibrant, nudi aut sagulo leves. nulla cultus iactatio; scuta tantum lectissimis coloribus distinguunt. paucis loricae, vix uni alterive cassis aut galea.

Equi non forma, non velocitate conspicui; sed nec variare gyros in morem nostrum docentur:

in rectum aut uno flexu dextros agunt ita coniuncto orbe, ut nemo posterior sit.

In universum aestimanti plus penes peditem roboris; eoque mixti proeliantur apta et congruente ad equestrem pugnam velocitate peditum, quos ex omni iuventute delectos ante aciem locant. definitur et numerus: centeni ex singulis pagis sunt, idque ipsum inter suos vocantur, et quod primo numerus fuit, iam nomen et honor est.

Acies per cuneos componitur. cedere loco, dummodo rurus instes, consilii quam formidinis arbitrantur. corpora suorum etiam in dubiis proeliis referunt. scutum reliquisse praecipuum flagitium, nec aut sacris adesse aut concilium inire ignominioso fas, multique superstites bellorum infamiam laqueo finierunt.

von Silbermünzen für sie beim Einkauf billigen Kleinkrams bequemer zu verwenden ist.

6

Auch an Eisen gibt es keinen Überfluß, wie sich aus der Art ihrer Bewaffnung schließen läßt. Nur vereinzelt haben sie Schwerter oder größere Lanzen in Gebrauch; sie führen Speere oder – mit einem Wort ihrer Sprache – Framen mit einer schmalen, kurzen, aber so scharfen und zweckdienlichen Eisenspitze, daß sie ein und dieselbe Waffe je nach den taktischen Erfordernissen im Nah- und Fernkampf einsetzen können. Auch ein Krieger zu Pferd begnügt sich (anders als der römische) mit Schild und Frame. Die Kämpfer zu Fuß werfen auch Geschosse, jeder Mann mehrere, und diese schleudern sie ungeheuer weit; den Oberkörper haben sie nackt oder nur mit einem leichten Umhang bedeckt. Ein Prunken mit der Ausrüstung gibt es nicht; lediglich ihre Schilde bemalen sie mit schön ausgesuchten Farben. Nur wenige haben einen Panzer, kaum der eine oder andere einen Helm aus Metall oder Leder.

Ihre Pferde fallen weder durch Schönheit noch durch Schnelligkeit auf; auch richtet man sie nicht ab, verschiedene Kreisbewegungen auszuführen, wie es bei uns üblich ist: man lenkt sie geradeaus oder mit einer einzigen Schwenkung nach rechts in so geschlossenem Bogen, daß niemand nachhängt.

Im ganzen gesehen, liegt die größere Schlagkraft beim Fußvolk, und deshalb ficht man in gemischtem Verband; dem Reiterkampf angepaßt und entsprechend ist dabei die Beweglichkeit der Kämpfer zu Fuß, die man aus der gesamten Jungmannschaft auswählt und vor dem Kampfverband aufstellt. Auch ihre Zahl ist festgelegt: es sind hundert aus jedem einzelnen Gau, und eben danach heißen sie bei ihren Leuten, und was ursprünglich nur Zahlenangabe war, ist nunmehr ehrende Bezeichnung.

Der Kampfverband setzt sich aus keilförmigen Haufen zusammen. Vom Platz zu weichen, gilt ihnen, wenn man nur wieder vorstößt, eher als Zeichen der Berechnung denn der Angst. Ihre Gefallenen bergen sie sogar in Gefechten, in denen es bedenklich steht. Preisgabe des Schildes ist die schlimmste Schande; einem derartig Verfemten ist es nicht erlaubt, am Götterdienst teilzunehmen oder das Thing zu besuchen, und schon viele, die so den Krieg überlebten, haben ihrer Schmach mit dem Strick ein Ende gemacht.

Reges ex nobilitate, duces ex virtute sumunt.
nec regibus infinita aut libera potestas, et
duces exemplo potius quam imperio, si
prompti, si conspicui, si ante aciem agant,
admiratione praesunt.

ceterum neque animad-
vertere neque vincire, ne verberare quidem
nisi sacerdotibus permissum, non quasi in poe-
nam nec ducis iussu, sed velut deo imperante,
quem adesse bellantibus credunt. effigiesque
et signa quaedam detracta lucis in proelium
ferunt.

Quodque praecipuum fortitudinis incitamentum est, non casus nec fortuita congloba-
tio turmam aut cuneum facit, sed familiae
et propinquitates; et in proximo pignora, unde
feminarum ululatus audiri, unde vagitus infantium. hi cuique sanctissimi testes, hi ma-
ximi laudatores: ad matres, ad coniuges vulnera ferunt; nec illae numerare aut exigere
plagas pavent cibosque et hortamina pugnan-
tibus gestant.

Memoriae proditur quasdam acies inclinatas
iam et labantes a feminis restitutas constantia
precum et obiectu pectorum et monstrata cominus captivitate, quam longe impatientius
feminarum suarum nomine timent, adeo, ut
efficacius obligentur animi civitatum, quibus
inter obsides puellae quoque nobiles impe-
rantur.

Inesse quin etiam sanctum aliquid et pro-
vidum putant nec aut consilia earum aspernantur aut responsa neglegunt. vidimus sub
divo Vespasiano Veledam diu apud plerosque
numinis loco habitam; sed et olim Albrunam [3]

Ihre Könige nehmen sie aufgrund edler Abkunft, ihre Heerführer aufgrund persönlicher Tapferkeit. Die Könige besitzen aber keine unumschränkte oder willkürliche Gewalt, und die Heerführer befehligen mehr durch ihr Beispiel als durch ihre Machtbefugnis, eben durch die Bewunderung, wenn sie einsatzfreudig sind, wenn sie sich hervortun, wenn sie vor der Front ihren Mann stehen. Übrigens ist keinem (von ihnen) erlaubt, jemanden hinrichten oder fesseln oder auch nur schlagen zu lassen; das dürfen bloß die Priester, aber nicht so, als führten sie eine eigentliche Bestrafung und Anordnung des Heerführers durch, sondern gleichsam nur das Gebot der Gottheit, die nach ihrem Glauben den Kriegern zur Seite steht. Darum holen sie auch aus den heiligen Hainen bestimmte Abbilder und Symbole und tragen sie mit in den Kampf.

Darin liegt aber der entscheidende Ansporn zur Tapferkeit, daß nicht eine zufällig zusammengewürfelte Masse den Reitertrupp oder den Kampfkeil bildet, sondern die Hausgemeinschaften und Sippen. Auch sind ihre Lieben ganz in der Nähe; von dort ist das Schreien der Frauen, von dort das Weinen der Kinder zu hören. Sie sind für jeden die heiligsten Zeugen, sie die größten Lobspender: zu ihren Müttern, zu ihren Frauen kommen sie mit ihren Wunden, und diese zählen und untersuchen ohne Scheu die Verletzungen, ja sie bringen den Kämpfenden Stärkung und Ermutigung.

Schon manche Kriegerreihe, die bereits wich und wankte, ist, wie die Überlieferung weiß, von den Frauen wieder zum Stehen gebracht worden durch ihr ständiges Bitten, durch das Entgegenhalten der Brüste und den Hinweis auf die nahe Gefangenschaft; diese empfinden sie weit unerträglicher und schrecklicher in Hinsicht auf ihre Frauen, so sehr, daß man sich Stämme wirksamer verpflichten kann, wenn man unter den Geiseln auch adelige Mädchen von ihnen fordert.

Ja sie glauben, den Frauen eigne sogar etwas Heiliges und Seherisches; ihre Ratschläge verwerfen sie daher nicht, noch mißachten sie ihre Bescheide. Wir haben unter dem nun verewigten Vespasianus gesehen, wie eine Véleda lange Zeit bei sehr vielen (Germanen) als göttliches Wesen betrachtet wurde. Aber auch früher

et compluris alias venerati sunt, non adulatione nec tamquam facerent deas.

IX

Deorum maxime Mercurium colunt, cui certis diebus humanis quoque hostiis litare fas habent; Herculem[4] et Martem concessis animalibus placant. pars Sueborum et Isidi sacrificat. unde causa et origo peregrino sacro, parum comperi, nisi quod signum ipsum in modum liburnae figuratum docet advectam religionem. ceterum nec cohibere parietibus deos neque in ullam humani oris speciem assimulare ex magnitudine caelestium arbitrantur; lucos ac nemora consecrant deorumque nominibus appellant secretum illud, quod sola reverentia vident.

X

Auspicia sortesque ut qui maxime observant. sortium consuetudo simplex: virgam frugiferae arbori decisam in surculos amputant eosque notis quibusdam discretos super candidam vestem temere ac fortuito spargunt. mox, si publice consultetur[5], sacerdos civitatis, sin privatim, ipse pater familiae precatus deos caelumque suspiciens ter singulos tollit, sublatos secundum impressam ante notam interpretatur.
si prohibuerunt, nulla de eadem re in eundem diem consultatio; sin permissum, auspiciorum adhuc fides exigitur.
Et illud quidem etiam hic notum, avium voces volatusque interrogare; proprium gentis equorum quoque praesagia ac monitus experiri. publice aluntur iisdem nemoribus ac

schon haben sie eine Albruna und mehrere andere verehrt, freilich nicht in Unterwürfigkeit (wie wir) und ohne sie gleichsam zu Göttinnen zu machen.

9

Unter den G ö t t e r n verehren sie am höchsten den Mercurius; sie halten es für geboten, ihm an bestimmten Festtagen sogar Menschenopfer darzubringen. Den Hercules und Mars suchen sie mit erlaubten Tieropfern huldvoll zu stimmen. Ein Teil der Sueben opfert auch der Isis; den Anlaß und Ursprung dieses fremden Kultus konnte ich nicht recht ermitteln, lediglich, daß schon das nach Art einer liburnischen Barke geformte Kultbild selbst darauf hinweist, daß dieser Kult übers Meer hereingekommen ist. Übrigens finden sie es unvereinbar mit der Erhabenheit der Himmlischen, die Götter in Wände einzuschließen und sie den Zügen des Menschenantlitzes irgendwie nachzubilden; sie weihen ihnen Waldlichtungen und Haine und bezeichnen mit göttlichen Namen nur jenes geheimnisvolle Wesen, das sie allein in ihrer Ehrfurcht schauen.

10

V o r z e i c h e n und L o s e n t s c h e i d u n g e n beachten sie wie kaum jemand sonst. Das herkömmliche Verfahren beim Losentscheid ist einfach: Sie hauen von einem fruchttragenden Baum einen Zweig ab, zerschneiden ihn zu Stäbchen, versehen diese mit bestimmten unterschiedlichen Zeichen und streuen sie dann planlos, und wie es der Zufall will, über ein weißes Tuch. Danach betet bei einer Befragung in öffentlicher Sache der Stammespriester, bei einem persönlichen Anliegen das Familienoberhaupt selber zu den Göttern und hebt, den Blick zum Himmel gerichtet, dreimal (hintereinander) ein Stäbchen auf und deutet sie dann gemäß dem vorher eingekerbten Zeichen. Falls der Bescheid ablehnend lautet, erfolgt am gleichen Tag in derselben Sache keine weitere Befragung mehr; lautet er jedoch zustimmend, so verlangt man außerdem noch die Bestätigung durch die anderen Vorzeichen.

Das bekannte Verfahren, Vogelstimmen und Vogelflug zu befragen, ist hier ebenfalls geläufig; eine Besonderheit dieses Volkes aber ist es, auch die Witterungen und Warnungen von Pferden zu erkunden. Deshalb werden auf Kosten der Allgemeinheit

lucis, candidi et nullo mortali opere contacti;
quos pressos sacro curru sacerdos ac rex vel
princeps civitatis comitantur hinnitusque ac
fremitus observant.

nec ulli auspicio maior
fides, non solum apud plebem, sed apud pro-
ceres, apud sacerdotes; se enim ministros
deorum, illos conscios putant.

Est et alia observatio auspiciorum, qua
gravium bellorum eventus explorant: eius
gentis, cum qua bellum est, captivum quoquo
modo interceptum cum electo popularium
suorum, patriis quemque armis, committunt;
victoria huius vel illius pro praeiudicio accipitur.

XI

De minoribus rebus principes consultant, de
maioribus omnes, ita tamen, ut ea quoque,
quorum penes plebem arbitrium est, apud
principes praetractentur.

Coëunt, nisi quid fortuitum et subitum in-
cidit, certis diebus, cum aut inchoatur luna
aut impletur; nam agendis rebus hoc auspi-
catissimum initium credunt. nec dierum numerum, ut nos, sed noctium computant; sic
constituunt, sic condicunt; nox ducere diem
videtur.

Illud ex libertate vitium, quod non simul
nec ut iussi conveniunt, sed et alter et tertius
dies cunctatione coëuntium absumitur. ut
turbae placuit, considunt armati. silentium
per sacerdotes, quibus tum et coërcendi ius
est, imperatur. mox rex vel princeps, prout
aetas cuique, prout nobilitas, prout decus bellorum, prout facundia est, audiuntur auctoritate suadendi magis quam iubendi potestate.
si displicuit sententia, fremitu aspernantur;

in den erwähnten Hainen und Waldlichtungen Schimmel gehalten, die durch keinerlei Arbeitsleistung für Sterbliche entweiht sind. Diese werden an den heiligen Wagen gespannt, dann schreiten der Priester und der König oder das Stammesoberhaupt neben ihnen her und achten auf ihr Wiehern und Schnauben. Kein anderes Vorzeichen findet größeres Vertrauen, nicht nur bei den einfachen Leuten, sondern auch bei den Vornehmen und bei den Priestern. Diese halten sich nämlich selbst nur für Diener der Götter, die Pferde jedoch für deren Vertraute.

Es gibt bei ihnen auch noch eine weitere Beobachtungsart von Vorzeichen, durch die sie den Ausgang schwerer Kriege herausfinden wollen: Sie lassen einen irgendwie aufgegriffenen Gefangenen des Volkes, mit dem gerade Krieg herrscht, gegen einen ausgesuchten Mann aus ihren eigenen Leuten kämpfen, jeden in seinen heimischen Waffen; der Sieg des einen oder andern wird dann als Vorentscheidung genommen.

11

Über weniger wichtige Angelegenheiten entscheiden die Fürsten, über wichtigere die Gesamtheit, freilich in der Weise, daß auch die Fälle, über die das Volk zu befinden hat, bei den Fürsten vorbesprochen werden.

Wenn sich nichts Unvorhergesehenes und Unerwartetes ereignet hat, v e r s a m m e l n sie sich an festliegenden Tagen entweder bei Neumond oder Vollmond; sie meinen nämlich, daß dieser Anfang ihren Unternehmungen das meiste Glück bringe. Sie rechnen auch nicht wie wir nach der Zahl der Tage, sondern der Nächte; demgemäß setzen sie ihre Termine und Verabredungen an. Die Nacht geht nach ihrer Ansicht dem Tag voran.

Aus ihrem Freiheitsstreben stammt die Untugend, daß sie sich nicht gleichzeitig und nicht wie auf Weisung einfinden, sondern daß zwei bis drei Tage durch die Säumigkeit der Teilnehmer vertan werden. Sobald es der Menge paßt, nehmen sie ihre Plätze ein, und zwar bewaffnet. Ruhe wird durch die Priester geboten, die dann auch das Recht zur Wahrung der Ordnung haben. Daraufhin hört man dem König oder einem Fürsten zu, je nach dem Alter, nach dem Adel, nach dem Kriegsruhm und nach der Redegabe eines jeden; das Gewicht seines Rates gilt dabei mehr als die Befugnis zu befehlen. Wenn ein Vorschlag mißfällt, weisen sie ihn

sin placuit, frameas concutiunt: honoratissimum assensus genus est armis laudare.

Licet apud concilium accusare quoque et discrimen capitis intendere. distinctio poenarum ex delicto: proditores et transfugas arboribus suspendunt, ignavos et inbelles et corpore infames caeno ac palude, iniecta insuper crate, mergunt. diversitas supplicii illuc respicit, tamquam scelera ostendi oporteat, dum puniuntur, flagitia abscondi. sed et levioribus delictis pro modo poena: equorum pecorumque numero convicti multantur; pars multae regi vel civitati, pars ipsi, qui vindicatur, vel propinquis eius exsolvitur.

Eliguntur in iisdem conciliis et principes, qui iura per pagos vicosque reddunt; centeni singulis ex plebe comites consilium simul et auctoritas adsunt.

Nihil autem neque publicae neque privatae rei nisi armati agunt. sed arma sumere non ante cuiquam moris, quam civitas suffecturum probaverit.

tum in ipso concilio vel principum aliquis vel pater vel propinqui scuto frameaque iuvenem ornant. haec apud illos toga, hic primus iuventae honos; ante hoc domus pars videntur, mox rei publicae.

Insignis nobilitas aut magna patrum merita principis dignationem etiam adulescentulis assignant; ceteris robustioribus ac iam pridem probatis aggregantur. nec rubor inter comites aspici. gradus quin etiam ipse comitatus habet iudicio eius, quem sectantur; magnaque

durch Murren zurück; wenn er aber gefällt, schwingen sie die Framen. Mit den Waffen Beifall zu spenden ist die ehrenvollste Art der Zustimmung.

12

Vor der Volksversammlung kann man auch Anklage erheben und G e r i c h t s v e r f a h r e n anstrengen, bei denen es um Leben und Tod geht. Die S t r a f e n sind unterschiedlich je nach dem Vergehen: Verräter und Überläufer hängt man an Bäumen auf, Feiglinge, Kriegsscheue und Perverse versenkt man im Schlamm und Moor und wirft noch Flechtwerk darauf. Die Verschiedenartigkeit der Hinrichtung verfolgt die Absicht, daß man Verbrechen bei ihrer Ahndung bloßstellen, Schandtaten aber verbergen müsse. Aber auch bei leichteren Verfehlungen ist die Strafe entsprechend gestuft: die Schuldigen büßen mit einer Anzahl Pferde und Vieh; ein Teil der Buße wird dem König oder dem Stamm, ein Teil dem Geschädigten selbst oder seinen Verwandten entrichtet.

In ebendiesen Versammlungen wählt man auch die Fürsten, die in den Ortschaften ihrer Gaue Recht sprechen. Jedem von ihnen sind hundert Schöffen aus dem Volk zur Beratung und zugleich auch zur Hebung des Ansehens beigegeben.

13

Keine Angelegenheit, weder öffentlicher noch privater Art, erledigen sie anders als bewaffnet. Doch ist es nicht Sitte, daß jemand W a f f e n trägt, bevor ihn die Gemeinde für tauglich befunden hat. Da wird der junge Mann in der Volksversammlung selbst von einem der Fürsten oder vom Vater oder von Verwandten mit Schild und Frame ausgestattet. Das ist bei ihnen (soviel wie bei uns) die Überreichung der Männertoga und die erste öffentliche Ehrung der jungen Männer; vorher sieht man in ihnen nur Glieder ihrer Familie, danach Glieder des Gemeinwesens.

Hoher Adel oder große Verdienste der Väter verschaffen auch ganz jungen Leuten schon die Wertschätzung eines G e f o l g s h e r r n . Man reiht sie unter die anderen ein, die schon kräftiger sind und sich bereits seit langem bewährt haben. Es ist keine Schande, wenn man unter den G e f o l g s l e u t e n gesehen wird; gibt es doch innerhalb der Gefolgschaft selbst sogar Rangstufen,

et comitum aemulatio, quibus primus apud principem suum locus, et principum, cui plurimi et acerrimi comites. haec dignitas, hae vires, magno semper et electorum iuvenum globo circumdari, in pace decus, in bello praesidium. nec solum in sua gente cuique, sed apud finitimas quoque civitates id nomen, ea gloria est, si numero ac virtute comitatus emineat; expetuntur enim legationibus et muneribus ornantur et ipsa plerumque fama bella profligant.

XIV

Cum ventum in aciem, turpe principi virtute vinci, turpe comitatui virtutem principis non adaequare. iam vero infame in omnem vitam ac probrosum superstitem principi suo ex acie recessisse;

illum defendere, tueri, sua quoque fortia facta gloriae eius assignare praecipuum sacramentum est. principes pro victoria pugnant, comites pro principe.

Si civitas, in qua orti sunt, longa pace et otio torpeat, plerique nobilium adulescentium petunt ultro eas nationes, quae tum bellum aliquod gerunt, quia et ingrata genti quies et facilius inter ancipitia clarescunt magnumque comitatum non nisi vi belloque tueare. exigunt enim principis sui liberalitate illum bellatorem equum, illam cruentam victricemque frameam; nam epulae et quamquam incompti, largi tamen apparatus pro stipendio cedunt. materia munificentiae per bella et raptus. nec arare terram aut exspectare annum tam facile persuaseris quam vocare hostem et vulnera mereri; pigrum quin immo et iners videtur sudore acquirere, quod possis sanguine parare.

und zwar nach dem Ermessen des Gefolgsherrn. Unter den Gefolgsleuten herrscht daher reger Wettstreit, wer bei seinem Gefolgsherrn den ersten Rang innehat, und unter den Gefolgsherrn, wer die meisten und draufgängerischsten Gefolgsleute hat. Es bedeutet Ansehen, es bedeutet Macht, immer von einer zahlreichen Schar ausgesuchter junger Leute umgeben zu sein; im Frieden ist das eine Ehre, im Krieg ein Schutz. Und nicht nur im eigenen Stamm, sondern auch bei den Nachbarstämmen ist jeder bekannt und ist berühmt, wenn er durch die Menge seines Gefolges herausragt; solche Leute werden nämlich von Gesandten umworben und durch Geschenke geehrt und sehr oft schlagen sie Kriege allein schon durch ihren Ruf nieder.

14

Wenn es zum Kampf gekommen ist, dann ist es eine Schande für den Gefolgsherrn, sich in der Tapferkeit übertreffen zu lassen, eine Schande für das Gefolge, es dem Gefolgsherrn an Tapferkeit nicht gleichzutun. Schmach und Vorwurf fürs ganze Leben vollends bringt es, den Kampf aufgegeben und den Gefolgsherrn überlebt zu haben; ihn zu schirmen, ihn zu schützen, auch die eigenen tapferen Taten seinem Ruhm zuzuschreiben ist ja Hauptpflicht ihres Treueschwurs. Die Gefolgsherren kämpfen für den Sieg, die Gefolgsleute für ihren Herrn.

Wenn der Stamm, in den sie hineingeboren sind, in langer Friedensruhe erlahmt, suchen die meisten der jungen Adeligen von sich aus solche Stämme auf, die gerade irgendeinen Krieg führen; denn die Ruhe behagt diesem Menschenschlag nicht, und in gefährlichen Wagnissen wird man leichter berühmt; auch läßt sich ein zahlreiches Gefolge nur durch Gewalttat und Krieg beisammenhalten. Von der Freigebigkeit ihres Herrn verlangen sie nämlich ihr Kriegspferd, ihre blutig-sieghafte Frame; denn ihre Mahlzeiten und die zwar anspruchslosen, doch reichlichen sonstigen Zuwendungen gelten nur als Sold. Die Mittel für das Geschenkemachen werden durch Kriege und Raubzüge gewonnen. Man mag sie nicht so leicht dazu bringen, den Boden zu pflügen oder die Jahresernte abzuwarten, als dazu, den Feind zu fordern und sich Wunden zu verdienen; ja, es gilt sogar als schlapp und ungeschickt, das mit Schweiß zu erarbeiten, was man mit Blut erringen kann.

Quotiens bella non ineunt, non multum vena-
tibus, plus per otium transigunt, dediti somno
ciboque, fortissimus quisque ac bellicosissi-
mus nihil agens, delegata domus et penatium
et agrorum cura feminis senibusque et infir-
missimo cuique ex familia; ipsi hebent, mira
diversitate naturae, cum iidem homines sic
ament inertiam et oderint quietem.

Mos est civitatibus ultro ac viritim conferre
principibus vel armentorum vel frugum, quod
pro honore acceptum etiam necessitatibus sub-
venit. gaudent praecipue finitimarum gentium
donis, quae non modo a singulis, sed et publice mittuntur, electi equi, magna arma, pha-
lerae torquesque; iam et pecuniam accipere
docuimus.

Nullas Germanorum populis urbes habitari
satis notum est, ne pati quidem inter se iunc-
tas sedes. colunt discreti ac diversi, ut fons,
ut campus, ut nemus placuit. vicos locant non
in nostrum morem conexis et cohaerentibus
aedificiis: suam quisque domum spatio cir-
cumdat sive adversus casus ignis remedium
sive inscitia aedificandi. ne caementorum quidem apud illos aut tegularum usus; materia ad
omnia utuntur informi et citra speciem aut
delectationem. quaedam loca diligentius in-
linunt terra ita pura ac splendente, ut pictu-
ram ac lineamenta colorum imitetur. solent et
subterraneos specus aperire eosque multo
insuper fimo onerant, suffugium hiemi et
receptaculum frugibus, quia rigorem frigo-
rum eius modi loci molliunt et, si quando
hostis advenit, aperta populatur, abdita autem
et defossa aut ignorantur aut eo ipso fallunt,
quod quaerenda sunt.

Wenn sie nicht auf einem Kriegszug sind, verbringen sie ihre Zeit
zum kleineren Teil auf Jagden, zum größeren aber ohne Beschäfti-
gung, dem Essen und Schlafen frönend; gerade die Tapfersten und
Kriegerischsten treiben nichts; die Sorge für Hof, Heim und Äcker
wird den Frauen und den Alten, überhaupt den Schwächsten aus
der Hausgemeinschaft überlassen. Sie selber dösen dahin: ein
merkwürdiger Widerspruch in ihrem Wesen, da doch dieselben
Menschen so das Nichtstun lieben und die Friedensruhe hassen.

Es ist bei den Stämmen Sitte, daß jeder einzelne von sich aus
dem Gefolgsherrn etwas von seinem Viehbestand oder Feldertrag
abgibt, was als Ehrengabe angenommen wird, aber auch zur Be-
streitung des Notwendigsten dient. Ganz besonders freuen sie
sich über Geschenke von Nachbarstämmen, die nicht nur von Ein-
zelpersonen, sondern auch von der Gesamtheit geschickt werden:
gezüchtete Pferde, stattliche Waffen, Schmuckplatten und Hals-
ringe; auch Geld anzunehmen haben wir ihnen schon beigebracht.

Daß die Völkerschaften der Germanen keine Städte bewohnen, ja
daß sie nicht einmal in sich geschlossene S i e d l u n g e n leiden
können, ist hinlänglich bekannt. Sie wohnen für sich und zer-
streut, wie eine Quelle, ein Feld, ein Gehölz ihnen gerade paßt.
Ihre Dörfer legen sie nicht in der Art der unsrigen so an, daß
die Gebäude aneinanderstoßen und eine zusammenhängende
Zeile bilden; jeder umgibt sein H a u s mit einem Hofraum, sei es
zum Schutz gegen Brandfälle, sei es aus Unkenntnis baulicher
Möglichkeiten. Auch Bruchsteine oder Ziegel sind bei ihnen nicht
in Gebrauch; zu allem verwenden sie unbehauenes Bauholz mit
seinem unschönen, reizlosen Aussehen. Manche Wandstellen be-
streichen sie freilich recht sorgfältig mit so sauberem, glänzendem
Lehmverputz, daß es wie Bemalung und farbige Verzierung
wirkt. Gern heben sie auch Erdgruben aus und decken sie von
oben her mit einer dicken Dungschicht ab; das bietet Unterschlupf für den Winter und Speicherraum für die Feldfrucht; denn
derartige Räume mildern die starre Kälte, und wenn einmal der
Feind kommt, dann verheert er nur das, was offen daliegt, während man Verstecktes und Vergrabenes entweder nicht kennt oder
gerade deshalb übersieht, weil man es erst suchen müßte.

Tegumen omnibus sagum fibula aut, si desit,
spina consertum; cetera intecti totos dies iuxta
focum atque ignem agunt. locupletissimi
veste distinguuntur, non fluitante, sicut Sarmatae ac Parthi, sed stricta et singulos artus
exprimente.

gerunt et ferarum pelles, proxi-
mi ripae neglegenter, ulteriores exquisitius, ut
quibus nullus per commercia cultus. eligunt
feras et detracta velamina spargunt maculis
pellibusque beluarum, quas exterior Oceanus
atque ignotum mare gignit.

Nec alius feminis quam viris habitus, nisi
quod feminae saepius lineis amictibus velan-
tur eosque purpura variant partemque vestitus
superioris in manicas non extendunt, nudae
bracchia ac lacertos; sed et proxima pars pectoris patet.

Quamquam severa illic matrimonia, nec ullam
morum partem magis laudaveris.

nam prope
soli barbarorum singulis uxoribus contenti
sunt, exceptis admodum paucis, qui non libi-
dine, sed ob nobilitatem pluribus nuptiis am-
biuntur.

Dotem non uxor marito, sed uxori maritus
offert. intersunt parentes et propinqui ac munera probant, munera non ad delicias mu-
liebres quaesita nec quibus nova nupta coma-
tur, sed boves et frenatum equum et scutum
cum framea gladioque. in haec munera uxor
accipitur atque in vicem ipsa armorum aliquid viro affert; hoc maximum vinculum,
haec arcana sacra, hos coniugales deos arbitrantur. ne se mulier extra virtutum cogita-

Als Kleidung dient allen ein Umhang, der mit einer Spange oder notfalls mit einem Dorn zusammengehalten wird; sonst nicht weiter bekleidet, verbringen sie ganze Tage am Herdfeuer. Nur sehr Begüterte haben ein besonderes Unterkleid, das aber nicht bauschig herabfällt wie bei den Sarmaten und Parthern, sondern straff anliegt und die einzelnen Glieder heraustreten läßt. Man trägt auch Tierfelle; dabei machen sich die Bewohner der Uferstreifen (von Rhein und Donau) aus der Auswahl nur wenig, die weiter im Landesinnern aber recht viel, da ja sonst kein Putz durch Handelsbeziehungen zu ihnen kommt. Sie suchen die Wildarten aus und sprenkeln die abgezogenen Felle mit gefleckten Pelzstückchen von Tieren, die der ferne Ozean und ein unbekanntes Meer hervorbringen.

Die Frauen haben keine andere Kleidung als die Männer; nur hüllen sich die Frauen öfters auch in einen Umhang aus Leinen, den sie durch Rotfärbung beleben; das Oberteil des Kleides lassen sie nicht in Ärmel auslaufen, Unter- und Oberarme also unbedeckt, aber auch der anschließende Teil der Brust bleibt noch frei.

Trotzdem herrscht dort eine strenge Eheauffassung, und keine Seite ihrer Gesittung mag man mehr loben. Denn sie sind beinahe die einzigen unter den Fremdvölkern, die sich mit nur einer Gattin begnügen; eine Ausnahme bilden nur ganz wenige, für die nicht Sinnlichkeit der Grund ist, sondern die Tatsache, daß sie wegen ihres großen Ansehens mit zahlreichen Eheanträgen umworben werden.

Die Mitgift bringt nicht die Frau dem Mann, sondern der Mann seiner Frau. Dabei sind die Eltern und Verwandten zugegen und beurteilen die Geschenke – Geschenke, die nicht für das Vergnügen des Weibes ausgesucht sind und nicht zum Herausputzen der jungen Anvermählten dienen; es sind Rinder, ein aufgezäumtes Pferd, ein Schild mit Frame und Schwert. Auf diese Gaben hin wird sie zur Frau genommen; und sie bringt auch ihrerseits dem Manne irgendeine Waffe zu. Das gilt ihnen als stärkste Bindung, das als geheimnisvolle Weihe, das als göttlicher Schutz für die Ehe. Damit die Frau nicht glaube, sie stehe außerhalb der Welt

tiones extraque bellorum casus putet, ipsis
incipientis matrimonii auspiciis admonetur
venire se laborum periculorumque sociam
idem in pace, idem in proelio passuram ausu-
ramque; hoc iuncti boves, hoc paratus equus,
hoc data arma denuntiant. sic vivendum, sic
pereundum[6]; accipere se, quae liberis invio-
lata ac digna reddat, quae nurus accipiant
rursusque ad nepotes referantur.

XIX

Ergo saepta pudicitia agunt, nullis spectaculorum illecebris, nullis conviviorum irritatio-
nibus corruptae. litterarum secreta viri pariter
ac feminae ignorant. paucissima in tam nume-
rosa gente adulteria, quorum poena praesens
et maritis permissa: accisis crinibus nudatam
coram propinquis expellit domo maritus ac
per omnem vicum verbere agit; publicatae
enim pudicitiae nulla venia: non forma, non
aetate, non opibus maritum invenerit. nemo
enim illic vitia ridet, nec corrumpere et cor-
rumpi saeculum vocatur. melius quidem adhuc eae civitates, in quibus tantum virgines
nubunt et cum spe votoque uxoris semel
transigitur. sic unum accipiunt maritum quo
modo unum corpus unamque vitam, ne ulla
cogitatio ultra, ne longior cupiditas, ne tamquam maritum, sed tamquam matrimonium
ament.

Numerum liberorum finire aut quemquam
ex agnatis necare flagitium habetur, plusque
ibi boni mores valent quam alibi bonae leges.

XX

In omni domo nudi ac sordidi in hos artus,
in haec corpora, quae miramur, excrescunt.

männlich-tapferen Denkens und außerhalb der Wechselfälle des Krieges, wird sie schon durch die Wahrzeichen bei Beginn ihrer Ehe daran gemahnt, daß sie als Gefährtin in Mühsal und Gefahr kommt, bereit, dasselbe Schicksal im Frieden wie im Krieg zu tragen und zu wagen; darauf deuten das Rindergespann, das angeschirrte Pferd und die übergebenen Waffen. In dieser Gesinnung habe sie zu leben, in dieser auch in den Tod zu gehen; was sie empfange, das müsse sie unversehrt und in Ehren ihren Söhnen weitergeben, und das müßten dann ihre Schwiegertöchter empfangen und wiederum auf die Enkel vererben.

19

Sie leben darum in umhegter Sittsamkeit, durch keine lüsternen Schauspiele und durch keine aufreizenden Gelage verführt. Heimlicher Briefwechsel ist Männern und Frauen gleich unbekannt. Sehr selten ist, und das bei einer so zahlreichen Bevölkerung, der Ehebruch; seine Bestrafung erfolgt auf der Stelle und bleibt dem Gatten überlassen: vor den Augen der Verwandten jagt der Mann sie mit abgeschnittenen Haaren und entblößt aus dem Hause und treibt sie mit Schlägen durch das ganze Dorf. Für Preisgabe der Keuschheit gibt es nämlich keine Verzeihung; trotz Schönheit, trotz Jugend, trotz Reichtum wird sie keinen Mann mehr finden. Denn dort lächelt niemand über Laster, und verführen und sich verführen lassen heißt dort nicht ‹zeitgemäß›. Noch besser freilich steht es bisher um die Stämme, in denen überhaupt nur Jungfrauen zur Ehe kommen und wo mit Ehehoffnung und Ehegelübde der Frau ein für allemal ein Abschluß erreicht ist. So wie sie nur einen Leib und ein Leben haben, erhalten sie nur einen Gatten; es soll keinen Gedanken darüber hinaus, kein weiteres Verlangen bei ihnen geben, sie sollen gewissermaßen nicht den Ehemann, sondern gleichsam den Ehebund lieben.

Die Zahl der Kinder zu beschränken oder eines der nachgeborenen zu töten gilt als Schandtat, und mehr vermögen dort gute Sitten als anderswo gute Gesetze.

20

Die Kinder, nackt und schmutzig, wachsen sich in jedem Haus zu diesen Gliedmaßen, zu diesen Leibern aus, die wir bestaunen.

sua quemque mater uberibus alit, nec ancillis
aut nutricibus delegantur. dominum ac servum nullis educationis deliciis dignoscas;
inter eadem pecora, in eadem humo degunt,
donec aetas separet ingenuos, virtus agnoscat.
sera iuvenum venus, eoque inexhausta puber-
tas. nec virgines festinantur;

eadem iuventa,
similis proceritas: pares validaeque miscentur,
ac robora parentum liberi referunt.

Sororum filiis idem apud avunculum, qui
apud patrem, honor. quidam sanctiorem ar-
tioremque hunc nexum sanguinis arbitrantur
et in accipiendis obsidibus magis exigunt,
tamquam et animum firmius et domum latius
teneant. heredes tamen successoresque sui cuique liberi, et nullum testamentum. si liberi
non sunt, proximus gradus in possessione fratres, patrui, avunculi. quanto plus propin-
quorum, quanto maior affinium numerus, tanto gratiosior senectus; nec ulla orbitatis pretia.

XXI

Suscipere tam inimicitias seu patris seu propinqui quam amicitias necesse est; nec im-
placabiles durant;

luitur enim etiam homici-
dium certo armentorum ac pecorum numero,
recipitque satisfactionem universa domus,
utiliter in publicum, quia periculosiores sunt
inimicitiae iuxta libertatem.

Convictibus et hospitiis non alia gens effu-
sius indulget. quemcumque mortalium arcere
tecto nefas habetur; pro fortuna quisque ap-
paratis epulis excipit. cum defecere, qui modo
hospes fuerat, monstrator hospitii et comes;
proximam domum non invitati adeunt. nec
interest: pari humanitate accipiuntur; notum

Die eigene Mutter nährt jedes an ihrer Brust, und keines wird Mägden oder Ammen überlassen. Einen Herrensohn kann man an keinerlei Verzärtelung bei der Erziehung vom Sohn eines Knechtes unterscheiden: sie treiben sich zwischen dem gleichen Vieh, auf demselben Erdboden herum, bis das Reifealter die Freigeborenen absondert und männliche Tüchtigkeit ihnen Geltung verschafft. Erst spät beginnen die jungen Leute mit der Liebe, und deshalb ist ihre Jugendkraft unverbraucht. Auch die Mädchen werden nicht zu eilig vermählt; dieselbe Jugendfrische und ähnlich hoher Wuchs auch bei ihnen. Zueinander passend und gesund treten sie in die Ehe, und die Kraft der Eltern spiegelt sich in den Kindern wider.

Beim Oheim mütterlicherseits genießen die Söhne der Schwestern dieselbe Wertschätzung wie bei ihrem Vater. Manche sehen diese Blutsbande als noch heiliger und enger an und verlangen bei Entgegennahme von G e i s e l n lieber Schwestersöhne, weil sie damit angeblich die Gesinnung des einzelnen fester und seine Sippe vollständiger in der Hand haben. E r b e n und Rechtsnachfolger eines jeden sind trotzdem nur die leiblichen Söhne; ein Testament gibt es nicht. Wenn keine Söhne dasind, haben die Brüder und Oheime väterlicher- und mütterlicherseits den nächsten Rang im Besitzrecht. Je mehr Blutsverwandte, je größer die Zahl der Verschwägerten, desto annehmlicher das Alter; Kinderlosigkeit bringt keine Vorteile.

21

F e h d e n des Vaters oder eines Blutsverwandten übernimmt man unausweichlich ebenso wie die Freundschaften. Sie dauern jedoch nicht unversöhnlich fort; denn sogar Totschlag kann mit einer bestimmten Anzahl Groß- und Kleinvieh gesühnt werden, und diese Bußleistung empfängt die ganze Sippe. Das ist von Vorteil für die Allgemeinheit, weil bei der freiheitlichen Lebensform Fehden besonders gefährlich sind.

Gesellichkeit und G a s t f r e u n d s c h a f t pflegt kein anderes Volk hingebender. Einem Menschen, gleich welchem, kein Obdach zu bieten, gilt als Unrecht; jeder nimmt ihn je nach seinem Vermögen mit einem zubereiteten Mahl auf. Wenn nichts mehr da ist, dann weist und geleitet ihn der bisherige Wirt an einen anderen gastlichen Platz; sie betreten, obwohl uneingeladen, den nächsten Hof. Das macht aber nichts: mit gleicher Freundlichkeit werden sie aufgenommen; zwischen einem Bekannten und einem

ignotumque, quantum ad ius hospitis, nemo
discernit. abeunti, si quid poposcerit, conce-
dere moris; et poscendi in vicem eadem faci-
litas. gaudent muneribus, sed nec data im-
putant nec acceptis obligantur. victus inter
hospites comis.[7]

XXII

Statim e somno, quem plerumque in diem
extrahunt, lavantur, saepius calida, ut apud
quos plurimum hiems occupat. lauti cibum ca-
piunt; separatae singulis sedes et sua cuique
mensa. tum ad negotia nec minus saepe ad
convivia procedunt armati. diem noctemque
continuare potando nulli probrum. crebrae, ut
inter vinolentos, rixae raro conviciis, saepius
caede et vulneribus transiguntur. sed et de
reconciliandis invicem inimicis et iungendis
affinitatibus et adsciscendis principibus, de
pace denique ac bello plerumque in conviviis
consultant, tamquam nullo magis tempore
aut ad simplices cogitationes pateat animus
aut ad magnas incalescat. gens non astuta
nec callida aperit adhuc secreta pectoris licentia ioci; ergo detecta et nuda omnium
mens. postera die retractatur, et salva utriusque temporis ratio est: deliberant, dum fin-
gere nesciunt, constituunt, dum errare non
possunt.

XXIII

Potui humor ex hordeo aut frumento in quandam similitudinem vini corruptus; proximi
ripae et vinum mercantur. cibi simplices,
agrestia poma, recens fera aut lac concretum;
sine apparatu, sine blandimentis expellunt
famem. adversus sitim non eadem temperan-

Unbekannten sieht, soweit es das Gastrecht betrifft, niemand einen Unterschied. Wenn der Weiterziehende um etwas bittet, ist es Sitte, ihm den Wunsch zu erfüllen, und mit gleicher Unbefangenheit erbittet man sich eine Gegengabe. Sie freuen sich über Geschenke, rechnen einem aber die Gaben nicht vor und fühlen sich auch durch das Erhaltene nicht verpflichtet. Das Verhältnis zwischen Wirt und Gast ist eben herzlich.

22

Gleich nach dem Schlaf, den sie zumeist bis in den Tag hinein ausdehnen, waschen sie sich, öfters warm, da bei ihnen ja die meiste Zeit Winter herrscht. Nach dem Waschen nehmen sie eine Mahlzeit ein, dabei hat jeder einen Sitzplatz für sich und sein eigenes Tischchen. Dann gehen sie an ihre Geschäfte, nicht weniger häufig auch zu Gelagen, und zwar in Waffen. Tag und Nacht ohne Unterbrechung zu zechen ist für niemand ein Vorwurf. Vielfach gibt es dann, wie eben unter Betrunkenen, Händel, die nur selten mit bloßen Schmähreden, öfter mit Totschlag und Verletzungen enden. Aber auch über gegenseitige Versöhnung von Feinden, über die Anknüpfung verwandtschaftlicher Bande und über Berufung von Fürsten, schließlich über Krieg und Frieden beraten sie meist bei solchen Gelagen, weil sich angeblich zu keiner anderen Zeit das Herz leichter für aufrichtige Gedanken erschließt oder für hohe erwärmt. Dieser Menschenschlag ohne Arglist und Durchtriebenheit öffnet immer noch die Geheimnisse der Brust bei zwanglosem Scherz; darum ist die Gesinnung aller unverhüllt und offen. Am folgenden Tag wird nochmals verhandelt, und jede Zeit kommt ganz zu ihrem Recht: sie beraten, wenn sie sich nicht zu verstellen wissen, sie beschließen, wenn sie nicht irren können.

23

Als Getränk haben sie eine Flüssigkeit, die aus Gerste oder Weizen gewonnen und zu etwas ähnlichem wie Wein vergoren ist; die Bewohner der Uferstreifen (von Rhein und Donau) kaufen sich auch Wein. Die Speisen sind einfach: wildwachsende Früchte, frisches Wildbret oder gestockte Milch; ohne feinere Zubereitung, ohne würzende Zutaten vertreiben sie den Hunger.

tia. si indulseris ebrietati suggerendo, quantum concupiscunt, haud minus facile vitiis
quam armis vincentur.

XXIV

Genus spectaculorum unum atque in omni
coetu idem: nudi iuvenes, quibus id ludicrum
est, inter gladios se atque infestas frameas
saltu iaciunt. exercitatio artem paravit, ars de-
corem, non in quastum tamen aut mercedem;
quamvis audacis lasciviae pretium est volup-
tas spectantium.
    Aleam, quod mirere, sobrii inter seria exer-
cent, tanta lucrandi perdendive temeritate, ut,
cum omnia defecerunt, extremo ac novissimo
iactu de libertate ac de corpore contendant.
victus voluntariam servitutem adit; quamvis
iuvenior, quamvis robustior alligari se ac
venire patitur. ea est in re prava pervicacia;
ipsi fidem vocant. servos condicionis huius
per commercia tradunt, ut se quoque pudore
victoriae exsolvant.

XXV

Ceteris servis non in nostrum morem, descrip-
tis per familiam ministeriis, utuntur; suam
quisque sedem, suos penates regit. frumenti
modum dominus aut pecoris aut vestis ut
colono iniungit, et servus hactenus paret; cetera domus officia uxor ac liberi exequuntur.
verberare servum ac vinculis et opere coer-
cere rarum;
                occidere solent, non disciplina et
severitate, sed impetu et ira, ut inimicum, nisi
quod impune est.
    Liberti non multum supra servos sunt, raro
aliquod momentum in domo, numquam in

Dem Durst gegenüber gibt es nicht das gleiche Maßhalten. Wenn man ihrer Trinklust entgegenkommt und herbeischafft, soviel sie begehren, wird man sie durch ihre Untugenden ebenso leicht besiegen wie mit Waffen.

24

An Schauspielen gibt es nur eine Art, und die ist bei jeder festlichen Zusammenkunft die gleiche: nackt schwingen sich junge Leute, für die das ein Spiel ist, im Sprung zwischen Schwerter und scharfe Framen. Übung hat hier Kunst geschaffen, Kunst Eleganz, jedoch nicht zwecks Erwerb oder Verdienst: den Lohn für jede noch so kühne Verwegenheit bildet das Vergnügen der Zuschauer.

Das Würfelspiel betreiben sie merkwürdigerweise auch in nüchternem Zustand wie ernste Geschäfte, und zwar mit solcher Leichtfertigkeit beim Gewinnen und Verlieren, daß sie dann, wenn alles vertan ist, mit einem entscheidenden letzten Wurf Freiheit und Leben einsetzen. Der Verlierer geht freiwillig in die Knechtschaft; auch wenn er jünger, auch wenn er kräftiger ist, läßt er sich binden und verkaufen. Derart ist ihre Sturheit an verkehrter Stelle – sie selbst nennen es ‹Treue›. Auf diese Weise Versklavte veräußern sie im Handel weiter, um auch selber die Peinlichkeit des Sieges loszuwerden.

25

Die anderen Sklaven verwenden sie nicht in unserer Art, wo die Aufgabenbereiche auf die Dienerschaft genau verteilt sind. Jeder Sklave leitet sein eigenes Anwesen, seinen eigenen Hausstand. Der Herr bürdet ihm wie einem Pächter nur eine bestimmte Abgabe von Getreide oder Vieh oder Tuch auf, und nur insoweit muß der Sklave gehorchen; sonst besorgen Ehefrau und Kinder die Geschäfte im Haus. Es ist selten, daß man einen Sklaven schlägt und mit Einsperrung und Zwangsarbeit maßregelt; doch ist es nicht ungewöhnlich, daß man einen totschlägt, freilich nicht zur Wahrnehmung der Zucht und Strenge, sondern im Wutanfall und Jähzorn, wie einen Feind, nur daß es straffrei ist.

Freigelassene stehen nicht viel über den Sklaven, selten haben sie irgendeinen Einfluß im Haus, nie im Gemeinwesen,

civitate, exceptis dumtaxat iis gentibus, quae
regnantur. ibi enim et super ingenuos et super
nobiles ascendunt; apud ceteros impares liber-
tini libertatis argumentum sunt.

XXVI

Faenus agitare et in usuras extendere ignotum; ideoque magis servatur, quam si vetitum
esset.
Agri pro numero cultorum ab universis in
vices [8] occupantur, quos mox inter se secundum dignationem partiuntur; facilitatem par-
tiendi camporum spatia praestant. arva per
annos mutant, et superest ager. nec enim cum
ubertate et amplitudine soli labore conten-
dunt, ut pomaria conserant et prata separent
et hortos rigent; sola terrae seges imperatur.
unde annum quoque ipsum non in totidem
digerunt species: hiems et ver et aestas intel-
lectum ac vocabula habent, autumni perinde
nomen ac bona ignorantur.

XXVII

Funerum nulla ambitio; id solum observatur,
ut corpora clarorum virorum certis lignis cre-
mentur. struem rogi nec vestibus nec odoribus
cumulant; sua cuique arma, quorundam igni
et equus adicitur. sepulcrum caespes erigit;
monumentorum arduum et operosum hono-
rem ut gravem defunctis aspernantur. lamenta
ac lacrimas cito, dolorem et tristitiam tarde
ponunt. feminis lugere honestum est, viris
meminisse.

Haec in commune de omnium Germanorum
origine ac moribus accepimus.

ausgenommen lediglich bei den Stämmen, die von Königen beherrscht werden; dort können sie auch über Freigeborene und über Adelige aufsteigen. Bei den übrigen ist die untergeordnete Stellung der Freigelassenen ein Kennzeichen der Freiheit.

26

Geldgeschäfte zu betreiben und Zinsgewinne herauszuschlagen ist unbekannt; dem ist damit besser vorgebeugt, als wenn es verboten wäre.

Das A c k e r l a n d wird je nach der Anzahl der Bebauer von der Gesamtheit im Wechsel in Nutzung genommen, und dann verteilen sie es unter sich nach der Rangfolge; die ausgedehnten Landflächen gewährleisten eine leichte Verteilung. Die Saatfelder wechseln sie jährlich, und doch ist noch weiteres Ackerland vorhanden. Sie ringen nämlich nicht in mühsamer Arbeit mit der Ertragfähigkeit und Nutzungsfläche des Bodens in der Weise, daß sie Obstgärten anlegen, Wiesen abgrenzen und Gärten bewässern; lediglich Korn verlangen sie von der Erde. Daher gliedern sie auch das Jahr als solches nicht in so viele Abschnitte (wie wir): nur Winter, Lenz und Sommer sind ihnen Begriffe, für die sie Wörter haben, einen Namen für Herbst kennen sie ebensowenig wie seine Gaben.

27

Bei T o t e n f e i e r n gibt es keinerlei Gepränge, allein darauf wird geachtet, daß die Leichen berühmter Männer mit bestimmten Holzarten verbrannt werden. Den Stoß des Scheiterhaufens überladen sie nicht mit Decken und Duftstoffen; jedem werden seine Waffen beigegeben, einigen wird auch das Pferd ins Feuer mitgegeben. Über dem Grab erhebt sich ein Rasenhügel; die Ehrung durch hochragende, kunstvolle Denkmäler verschmähen sie, weil das für die Abgeschiedenen nur eine Last sei. Das Jammern und Weinen lassen sie bald sein, Schmerz und Trauer erst spät. Den Frauen ziemt laute Klage, Männern nur stilles Gedenken.

Das waren die uns zugänglichen a l l g e m e i n e n N a c h r i c h t e n über Ursprung und Sitten der Germanen insgesamt.

Nunc singularum gentium instituta ritusque, quatenus differant, quae nationes e Germania in Gallias commigraverint, expediam.

XXVIII

Validiores olim Gallorum res fuisse summus auctorum divus Iulius tradit; eoque credibile est etiam Gallos in Germaniam transgressos. quantulum enim amnis obstabat, quominus, ut quaeque gens evaluerat, occuparet permutaretque sedes promiscuas adhuc et nulla regnorum potentia divisas! igitur inter Hercyniam silvam Rhenumque et Moenum amnes Helvetii, ulteriora Boii, Gallica utraque gens, tenuere. manet adhuc Boihaemi nomen significatque loci veterem memoriam quamvis mutatis cultoribus.

sed utrum Aravisci in Pannoniam ab Osis, Germanorum natione, an Osi ab Araviscis in Germaniam commigraverint, cum eodem adhuc sermone institutis moribus utantur, incertum est, quia pari olim inopia ac libertate eadem utriusque ripae bona malaque erant.

Trevira et Nervii circa affectationem Germanicae originis ultro ambitiosi sunt, tamquam per hanc gloriam sanguinis a similitudine et inertia Gallorum separentur. ipsam Rheni ripam haud dubie Germanorum populi colunt, Vangiones Triboci Nemetes. ne Ubii quidem, quamquam Romana colonia esse meruerint ac libentius Agrippinenses conditoris sui nomine vocentur, origine erubescunt, transgressi olim et experimento fidei super ipsam Rheni ripam collocati, ut arcerent, non ut custodirentur.

Jetzt will ich die Einrichtungen und Gebräuche der einzelnen Stämme, soweit sie anders sind, darstellen, ferner, welche Völkerschaften aus Germanien nach Gallien eingewandert sind.

28

Daß einstmals die Macht der Gallier überlegen war, überliefert der gewichtigste meiner Gewährsmänner, der vergöttlichte Iulius (Caesar); und darum ist es glaubhaft, daß auch Gallier nach Germanien hinübergedrungen sind. Denn welch kleines Hindernis bildete ein Strom, wenn ein Stamm, sobald er jeweils erstarkt war, die Wohnsitze ändern und neue einnehmen wollte, die ja damals noch herrenlos und noch nicht in Machtbereiche aufgeteilt waren! So haben das Gebiet zwischen dem Herkynischen Wald und den Flüssen Rhein und Main einmal die Helvetier besessen, das Gebiet dahinter die Boier, beides gallische Stämme. Der Name Boihaemum hat sich bis jetzt gehalten und erweist die alte Geschichte dieser Gegend, wenn auch die Bewohner gewechselt haben. Ob indes die Aravisker aus dem Gebiet der Oser, einem Germanenstamm, nach Pannonien eingewandert sind oder die Oser aus dem Gebiet der Aravisker nach Germanien, ist ungewiß, da beide noch heute gleiche Sprache, Einrichtungen und Bräuche haben und weil es einstmals auf jedem Donauufer die gleiche Armut und Unabhängigkeit gab und die Vorzüge und Nachteile dieselben waren.

Die Treverer und Nervier sind bezüglich ihres Anspruchs auf germanische Herkunft gar noch ehrgeizig, weil sie sich angeblich durch eine solch ruhmvolle Abstammung von der Ähnlichkeit mit den tatenlosen Galliern abheben. Am Rheinufer selbst wohnen zweifellos germanische Völkerschaften, die Vangionen, Triboker und Nemeter. Auch die Ubier schämen sich ihres (germanischen) Ursprungs nicht, obwohl sie sich den Status einer römischen Kolonie verdient haben und sich recht gern mit dem Namen ihrer Stadtgründerin (Agrippina) als Agrippiner bezeichnen lassen; vor langer Zeit sind sie hinübergewechselt und sind unter Erprobung ihrer Treue unmittelbar am (linken) Rheinufer angesiedelt worden, um eine Abwehr zu bilden, nicht, um unter Bewachung zu stehen.

Omnium harum gentium virtute praecipui
Batavi non multum ex ripa, sed insulam
Rheni amnis colunt, Chattorum quondam
populus et seditione domestica in eas sedes
transgressus, in quibus pars Romani imperii fierent.

        manet honos et antiquae societa-
tis insigne; nam nec tributis contemnuntur
nec publicanus atterit: exempti oneribus et
collationibus et tantum in usum proeliorum
sepositi, velut tela atque arma, bellis reser-
vantur.

Est in eodem obsequio et Mattiacorum
gens; protulit enim magnitudo populi Romani ultra Rhenum ultraque veteres termi-
nos imperii reverentiam. ita sede finibus-
que in sua ripa, mente animoque nobiscum
agunt, cetera similes Batavis, nisi quod ipso
adhuc terrae suae solo et caelo acrius animan-
tur.

Non numeraverim inter Germaniae populos, quamquam trans Rhenum Danuviumque
consederint, eos, qui decumates agros exer-
cent; levissimus quisque Gallorum et inopia
audax dubiae possessionis solum occupavere.
mox limite acto promotisque praesidiis sinus
imperii et pars provinciae habentur.

Ultra hos Chatti initium sedis ab Hercynio
saltu incohant, non ita effusis ac palustribus
locis ut ceterae civitates, in quas Germania
patescit; durant siquidem colles, paulatim
rarescunt, et Chattos suos saltus Hercynius
prosequitur simul atque deponit. duriora
genti corpora, stricti artus, minax vultus et
maior animi vigor. multum, ut inter Germa-

Die an Tapferkeit Hervorragendsten unter all diesen Stämmen, die B a t a v e r, bewohnen keinen großen Uferstreifen, sondern die (von den Mündungsarmen gebildete) Insel des Rheinstroms. Einst ein Teilvolk der Chatten, sind sie wegen innerer Zwistigkeiten in ihren jetzigen Siedlungsraum übergewechselt, wo sie ein Glied des römischen Reiches werden sollten. Ihre Ehrenstellung und die Auszeichnung alter Bundesgenossenschaft ist ihnen geblieben; denn sie werden durch keine Tribute gedemütigt und von keinem Steuereinnehmer geschunden; von Steuerlasten und Beitragsleistungen ausgenommen und nur zur Verwendung im Kampf bereitgestellt, werden sie gleichsam als Streitwehr für Kriegsfälle aufgespart.

In gleicher Abhängigkeit steht auch der Stamm der M a t t i a k e r; denn das große römische Volk hat die Achtung vor seiner Herrschaft auch über den Rhein und damit über die alten Grenzen hinausgetragen. So haben sie das Niederlassungsgebiet zwar auf ihrer (germanischen) Uferseite, halten es aber in ihrer Einstellung und Denkart mit uns; im übrigen ähneln sie den Batavern, nur haben sie, schon infolge der Boden- und Witterungsverhältnisse ihres Landes, schneidigeren Mut.

Nicht zu den Völkern Germaniens möchte ich jene rechnen, die das Dekumatland bebauen, obwohl sie sich jenseits des Rheins und der Donau niedergelassen haben. Hier haben sich allerlei leichtfertige und von der Not kühn gemachte Gallier den besitzmäßig strittigen Boden angeeignet. Später wurde der Grenzwall gezogen und die Besatzungen weiter vorgeschoben, und nun gilt ihr Gebiet als Vorland unseres Reiches und als Teil der Provinz (Obergermanien).

30

Jenseits (nördlich) von ihnen sind die C h a t t e n; ihr Siedlungsraum beginnt beim Herkynischen Wald. Sie wohnen nicht in so flachen und sumpfigen Gebieten wie die übrigen Völkerschaften, auf die sich Germanien erstreckt; denn dauernd finden sich Hügel, erst nach und nach werden sie seltener, und der Herkynische Wald begleitet seine Chatten und endet zugleich mit ihnen. Die Menschen des Stammes haben kräftigere Körper, straffe Glieder, drohenden Blick und größere geistige Kraft. Für Germanen zeigen

nos, rationis ac sollertiae: praeponere electos,
audire praepositos, nosse ordines, intellegere
occasiones, differre impetus, disponere diem,
vallare noctem, fortunam inter dubia, virtutem inter certa numerare, quodque rarissi-
mum nec nisi Romanae disciplinae concessum, plus reponere in duce quam in exercitu.
omne robur in pedite, quem super arma ferra-
mentis quoque et copiis onerant; alios ad
proelium ire videas, Chattos ad bellum. rari
excursus et fortuita pugna. equestrium sane
virium id proprium, cito parare victoriam,
cito cedere; velocitas iuxta formidinem, cunc-
tatio propior constantiae est.

XXXI

Et aliis Germanorum populis usurpatum raro
et privata cuiusque audentia apud Chattos in
consensum vertit: ut primum adoleverint,
crinem barbamque submittere nec nisi hoste
caeso exuere votivum obligatumque virtuti
oris habitum. super sanguinem et spolia re-
velant frontem seque tum demum pretia
nascendi rettulisse dignosque patria ac paren-
tibus ferunt; ignavis et imbellibus manet
squalor. fortissimus quisque ferreum insuper
anulum (ignominiosum id genti) velut vinculum gestat, donec se caede hostis absolvat.
plurimis Chattorum hic placet habitus, iam-
que canent insignes et hostibus simul suisque
monstrati. omnium penes hos initia pugna-
rum; haec prima semper acies, visu nova;
nam ne in pace quidem vultu 9 mitiore man-
suescunt. nulli domus aut ager aut aliqua
cura: prout ad quemque venere, aluntur, pro-
digi alieni, contemptores sui, donec exsanguis
senectus tam durae virtuti impares faciat.

sie viel Berechnung und Geschick: sie setzen ausgesuchte Leute an die Spitze und hören auf diese Vorgesetzten, sie kennen geordnete Verbände, bemerken günstige Umstände, schieben Angriffe auch einmal auf, regeln den Tagesablauf, verschanzen sich für die Nacht, sie sehen das Glück als unbeständig und nur die Tapferkeit als sicher an, und was höchst selten ist und eigentlich nur römischer Kriegszucht eingeräumt wird, sie legen mehr Gewicht auf die Führung als auf das Heer. Ihre ganze Schlagkraft liegt beim Fußvolk, dem sie außer den Waffen auch noch das Schanzzeug und die Vorräte aufbürden; andere mag man nur in Kämpfe ziehen sehen, die Chatten aber in den Krieg. Selten machen sie Streifzüge und Gefechte auf gut Glück. Tatsächlich ist es die Eigenart berittener Kräfte, rasch den Sieg zu erringen und sich rasch zurückzuziehen; Schnelligkeit grenzt an Furcht, Bedächtigkeit hat eher mit Standfestigkeit zu tun.

31

Ein auch bei anderen germanischen Völkern vorhandener Brauch, der freilich selten ist und dem persönlichen Wagemut des einzelnen entspringt, ist bei den Chatten allgemein üblich geworden: Sobald sie herangewachsen sind, lassen sie Haar und Bart frei wachsen und entledigen sich erst nach Tötung eines Feindes dieser Kopftracht, das beruht auf einem Gelübde und verpflichtet zur Tapferkeit. Über dem Blut und der Waffenbeute machen sie ihre Stirn frei und erklären, erst jetzt den Preis für ihr Dasein bezahlt zu haben und des Vaterlands und der Eltern wert zu sein. Feiglinge und Kriegsscheue behalten das wüste Aussehen bei. Die Tapfersten tragen obendrein noch einen eisernen Ring, eine Fessel gleichsam – sonst eine Schande im Stamm –, bis sie sich durch Tötung eines Feindes davon lösen. Sehr vielen Chatten sagt diese Tracht zu, und nun werden sie in dieser Auszeichnung grau, und Feinde und Stammesgenossen weisen gleichermaßen auf sie. In allen Kämpfen liegt bei ihnen die Eröffnung, sie bilden immer die vorderste Reihe, unheimlich anzusehen; denn auch im Frieden nehmen sie kein sanfteres Aussehen an. Keiner hat ein Haus oder einen Acker oder etwas, wofür er sorgte; wie sie gerade zu einem jeden kommen, werden sie verpflegt, Verschwender fremder Habe, Verächter eigenen Besitzes, bis das kraftlose Alter sie zu solch hartem Kriegertum untauglich macht.

Proximi Chattis certum iam alveo Rhenum,
quique terminus esse sufficiat, Usipi ac Tencteri colunt. Tencteri super solitum bellorum
decus equestris disciplinae arte praecellunt;
nec maior apud Chattos peditum laus quam
Tencteris equitum. sic instituere maiores,
posteri imitantur; hi lusus infantium, haec
iuvenum aemulatio, perseverant senes. inter
familiam et penates et iura successionum equi
traduntur: excipit filius, non, ut cetera maximus natu, sed prout ferox bello et melior.

XXXIII

Iuxta Tencteros Bructeri olim occurrebant;
nunc Chamavos et Angrivarios immigrasse
narratur pulsis Bructeris ac penitus excisis
vicinarum consensu nationum, seu superbiae
odio seu praedae dulcedine seu favore quodam
erga nos deorum; nam ne spectaculo quidem
proelii invidere: super sexaginta milia non
armis telisque Romanis, sed, quod magnifi-
centius est, oblectationi oculisque ceciderunt.
maneat, quaeso, duretque gentibus, si non
amor nostri, at certe odium sui, quando urgentibus imperii fatis nihil iam[10] praestare
fortuna maius potest quam hostium discor-
diam.

XXXIV

Angrivarios et Chamavos a tergo Dulgubini
et Chasuarii cludunt aliaeque gentes haud
perinde memoratae, a fronte Frisii excipiunt.
maioribus minoribusque Frisiis vocabulum
est ex modo virium. utraeque nationes usque
ad Oceanum Rheno praetexuntur ambiunt-

Ganz nahe bei den Chatten wohnen am Rhein, der nun schon ein festes Bett hat und damit eine ausreichende Grenze bilden kann, die Usiper und Tenkterer. Die Tenkterer zeichnen sich über die gewohnte Kriegstüchtigkeit hinaus durch ihre Fertigkeit in der Reitkunst aus; und der Ruhm der Fußtruppen ist bei den Chatten nicht größer als der der Reiter bei den Tenkterern. So haben es die Ahnen eingeführt, die Enkel ahmen es nach; Reiten ist das Spiel der Kinder und der Wettstreit der jungen Männer, und die Greise treiben es weiter. Neben dem Gesinde und dem Haus und den Nachfolgerechten werden auch die Pferde vererbt: sie erhält aber nicht der älteste Sohn, wie die anderen Dinge, sondern jeweils einer, der im Kriege wild und noch tapferer ist.

33

Neben den Tenkterern kamen einstmals die Brukterer. Wie man berichtet, sind jetzt die Chamaver und Angrivarier dort eingewandert, nachdem die Brukterer geschlagen und durch das gemeinsame Vorgehen der Nachbarstämme völlig ausgerottet worden waren, sei es aus Abneigung gegen ihren Hochmut, sei es aus der Lust am Beutemachen, sei es aus einer besonderen Gunst der Götter uns gegenüber; denn sie haben uns sogar das Schauspiel der Schlacht gegönnt: über 60000 Mann fielen, nicht durch römische Speere und Waffen, sondern, was noch großartiger ist, uns zur unterhaltsamen Augenweide. Möge, so bitte ich, bei den Völkerstämmen beständig weiterdauern, wenn schon nicht die Liebe zu uns, so doch ihr Haß untereinander, weil uns ja bei dem drängenden Schicksalslauf des Reiches das Glück gewiß nichts Größeres mehr bieten kann als die Zwietracht unserer Feinde.

34

An die Angrivarier und Chamaver schließen sich rückwärts (süd-östlich) die Dulgubiner und Chasuarier an sowie weitere uns nicht besonders bekannte Stämme, vorne (nordwestlich) stoßen an sie die Friesen. Die Großfriesen und Kleinfriesen tragen ihre Bezeichnung aufgrund ihres Kräfteverhältnisses. Beide Stämme werden bis zum Ozean hin vom Rhein gesäumt und

que immensos insuper lacus et Romanis classibus navigatos. ipsum quin etiam Oceanum
illa temptavimus; et superesse adhuc Her-
culis columnas fama vulgavit, sive adiit Hercules seu, quicquid ubique magnificum est, in
claritatem eius referre consensimus. nec de-
fuit audentia Druso Germanico, sed obstitit
Oceanus in se simul atque in Herculem in-
quiri. mox nemo temptavit, sanctiusque ac
reverentius visum de actis deorum credere
quam scire.

XXXV

Hactenus in occidentem Germaniam novi-
mus; in septentrionem ingenti flexu redit. ac
primo statim Chaucorum gens, quamquam
incipiat a Frisiis ac partem litoris occupet,
omnium, quas exposui, gentium lateribus ob-
tenditur, donec in Chattos usque sinuetur.
tam immensum terrarum spatium non tenent
tantum Chauci, sed et implent, populus inter
Germanos nobilissimus quique magnitudinem
suam malit iustitia tueri. sine cupididate, sine
impotentia quieti secretique nulla provocant
bella, nullis raptibus aut latrociniis populan-
tur. id praecipuum virtutis ac virium argumentum est, quod, ut superiores agant, non
per iniurias assequuntur. prompta tamen omnibus arma ac, si res poscat, exercitus, plurimum virorum equorumque; et quiescentibus
eadem fama.

XXXVI

In latere Chaucorum Chattorumque Cherusci
nimiam ac marcentem diu pacem inlacessiti
nutrierunt. idque iucundius quam tutius fuit,
quia inter impotentis et validos falso quies-
cas; ubi manu agitur, modestia ac probitas

umschließen überdies noch unermeßliche, von römischen Flotten schon befahrene Seen. Ja, sogar auf den Ozean selbst haben wir uns dort hinausgewagt, und ein Gerücht hat verbreitet, daß da noch Säulen des Hercules vorhanden seien, mag nun Hercules wirklich hingelangt sein oder mögen wir nur übereingekommen sein, alles Großartige allerorten mit seinem Ruhm in Verbindung zu bringen. Auch hat es einem Drusus Germanicus nicht an Wagemut gefehlt, aber der Ozean hat sich gewehrt, daß man über ihn und Hercules zugleich Forschungen anstellte. Später hat es niemand mehr versucht, und man hat es für frömmer und ehrfurchtsvoller angesehen, an die Werke der Götter zu glauben als von ihnen zu wissen.

35

Soweit kennen wir nun Germanien gegen Westen hin; gegen Norden zu schwingt es in einer gewaltigen Krümmung zurück. Gleich am Anfang haben wir da den Stamm der C h a u k e n ; obwohl er schon bei den Friesen beginnt und einen Teil der Küste einnimmt, erstreckt er sich an den Seiten aller bereits behandelten Stämme entlang, um dann bis ins Gebiet der Chatten umzubiegen. Diese unermeßliche Landfläche haben die Chauken nicht nur im Besitz, sondern füllen sie auch aus: ein unter den Germanen hochangesehenes Volk, das es vorzieht, seine Größe durch Gerechtigkeit zu schützen. Ohne Habgier, ohne Unbeherrschtheit, ruhig und zurückgezogen, fordern sie zu keinen Kriegen heraus, richten keine Verheerungen durch Raub- und Beutezüge an. Ihre Tapferkeit und Stärke wird vor allem dadurch bewiesen, daß sie zu ihrer führenden Rolle nicht durch Gewalttaten kommen. Doch haben sie alle ihre Waffen in Bereitschaft und, falls es die Lage verlangen sollte, auch Heere und eine Masse von Männern und Pferden. Wenn sie auch friedlich sind, der Ruhm ist der gleiche.

36

Seitlich von den Chauken und Chatten sitzen die C h e r u s k e r ; sie haben lange unbehelligt einen allzu tiefen, erschlaffenden Frieden gepflegt. Das bot mehr Annehmlichkeit als Sicherheit, weil es verfehlt ist, sich inmitten von unbeherrschten und starken Stämmen der Ruhe zu überlassen. Wo das Faustrecht gilt, gibt

nomine[11] superioris sunt. ita, qui olim boni aequique Cherusci, nunc inertes ac stulti vocantur; Chattis victoribus fortuna in sapientiam cessit. tracti ruina Cheruscorum et Fosi[12], contermina gens, adversarum rerum ex aequo socii sunt, cum in secundis minores fuissent.

XXXVII

Eundem Germaniae sinum proximi Oceano Cimbri tenent, parva nunc civitas, sed gloria ingens. veterisque famae lata vestigia manent, utraque ripa castra ac spatia, quorum ambitu nunc quoque metiaris molem manusque gentis et tam magni exitus fidem.

Sescentesimum et quadragesimum annum urbs nostra agebat, cum primum Cimbrorum audita sunt arma Caecilio Metello et Papirio Carbone consulibus. ex quo si ad alterum imperatoris Traiani consulatum computemus, ducenti ferme et decem anni colliguntur: tam diu Germania vincitur.

Medio tam longi aevi spatio multa in vicem damna. non Samnis, non Poeni, non Hispaniae Galliaeve, ne Parthi quidem saepius admonuere; quippe regno Arsacis acrior est Germanorum libertas. quid enim aliud nobis quam caedem Crassi, amisso et ipse Pacoro, infra Ventidium deiectus Oriens obiecerit? at Germani Carbone et Cassio et Scauro Aurelio et Servilio Caepione Maximoque Mallio fusis vel captis quinque simul consularis exercitus populo Romano, Varum trisque cum eo legiones etiam Caesari abstulerunt;

nec impune C. Marius in Italia, divus Iulius in Gallia, Drusus ac Nero et Germanicus in suis eos sedibus perculerunt; mox ingentes C. Caesaris minae in ludibrium versae. inde otium,

es Mäßigung und Rechtschaffenheit nur nach der Maßgabe des Stärkeren. So werden die einst als tüchtig und rechtlich bezeichneten Cherusker jetzt träge und dumm genannt; den siegreichen Chatten aber wurde ihr Kriegsglück als Klugheit ausgelegt. In den Zusammenbruch der Cherusker wurden auch die F o s e r, der Nachbarstamm, mit hineingezogen; als Leidensgenossen stehen sie ihnen nun gleich, während sie im Glück unter ihnen standen.

37

Den gleichen Landvorsprung Germaniens bewohnen unmittelbar am Ozean die K i m b e r n, jetzt nur noch eine kleine Völkerschaft, aber ungeheuer berühmt. Die Spuren ihres früheren Rufes sind noch weithin erhalten, etwa an beiden Ufern (des Rheins) ausgedehnte Lagerplätze, aus deren Umfang man jetzt noch die Masse und Leistungskraft dieses Stammes sowie die Wirklichkeit ihres großen Wanderzuges ermessen kann.

Unsere Stadt stand im 640. Jahre, als man unter dem Konsulat des Caecilius Metellus und Papirius Carbo (113 v. Chr.) zum erstenmal von den Waffentaten der Kimbern hörte. Rechnen wir von da ab bis zum zweiten Konsulat des Kaisers Trajan (98 n. Chr.), dann ergeben sich etwa 210 Jahre: so lange schon wird Germanien besiegt!

Innerhalb dieses langen Zeitraums gab es auf beiden Seiten viele Verluste. Nicht die Samniten, nicht die Punier, nicht die gallischen oder spanischen Lande, nicht einmal die Parther haben sich häufiger in Erinnerung gebracht; denn der Freiheitsdrang der Germanen ist leidenschaftlicher als die Königsmacht eines Ársaces (des ersten Partherkönigs). Was sonst als den Schlachtentod des Crassus vermöchte uns denn der Osten aufzuweisen, der seinerseits den König Pácorus verlor und von einem Ventidius gedemütigt werden konnte? Die Germanen dagegen haben einen Carbo und Cassius und Scaurus Aurelius und Servilius Caepio und Maximus Mallius geschlagen oder gefangengenommen und haben damit dem römischen Volk insgesamt fünf konsularische Heere, dem Kaiser (Augustus) sogar einen Varus und mit ihm drei Legionen entrissen; und nicht ohne Verluste haben sie Gaius Marius in Italien, der verewigte Iulius (Caesar) in Gallien sowie Drusus, (Tiberius) Nero und Germanicus in ihren eigenen Wohngebieten niedergeworfen. Dann nahmen die ungeheuerlichen Drohungen eines

donec occasione discordiae nostrae et civilium
armorum expugnatis legionum hibernis etiam
Gallias affectavere; ac rursus pulsi inde proxi-
mis temporibus triumphati magis quam victi
sunt.

Nunc de Suebis dicendum est, quorum non
una, ut Chattorum Tencterorumve, gens;
maiorem enim Germaniae partem obtinent,
propriis adhuc nationibus nominibusque
discreti, quamquam in commune Suebi vocentur.

Insigne gentis obliquare crinem nodoque
substringere; sic Suebi a ceteris Germanis, sic
Sueborum ingenui a servis separantur. in
aliis gentibus, seu cognatione aliqua Sueborum seu, quod saepe accidit, imitatione,
rarum et intra iuventae spatium; apud Suebos
usque ad canitiem horrentem capillum retro
pectuntur[13] ac saepe in ipso vertice religant;
principes et ornatiorem habent. ea cura for-
mae, sed innoxia; neque enim ut ament amen-
turve, in altitudinem quandam et terrorem
adituri bella compti, ut hostium oculis, ornantur.[14]

Vetustissimos se nobilissimosque Sueborum
Semnones memorant; fides antiquitatis reli-
gione firmatur:
                        stato tempore in silvam
auguriis patrum et prisca formidine sacram
omnes eiusdem sanguinis populi legationibus
coëunt caesoque publice homine celebrant
barbari ritus horrenda primordia. est et alia
luco reverentia: nemo nisi vinculo ligatus

Gaius Caesar (Caligula) ein lächerliches Ende. Seitdem herrschte
Ruhe, bis sie die Gelegenheit unserer Thronstreitigkeiten und Bür-
gerkriege ausnützten und die Winterlager der Legionen erstürmten
und sich sogar an die gallischen Provinzen heranmachten; von dort
wurden sie zwar wieder zurückgeschlagen, doch hat man noch in
jüngster Vergangenheit Siege über sie mehr gefeiert als errungen.

38

Nun ist über die S u e b e n zu sprechen, die nicht, wie die Chatten
oder Tenkterer, ein einheitlicher Stamm sind; sie haben nämlich
den größten Teil Germaniens inne und sind jetzt noch in selb-
ständige Stämme mit eigenen Namen geschieden, obwohl man sie
allgemein Sueben nennt.

Kennzeichen der Völkerschaft ist es, das Haar seitwärts zu-
rückzustreichen und zu einem Knoten aufzubinden. So unterscheiden sich die Sueben von den übrigen Germanen, so die freigeborenen Sueben von den Sklaven. Bei den anderen Stämmen
gibt es das auch, entweder aufgrund irgendwelcher Verwandt-
schaft mit den Sueben oder, was ja oft vorkommt, aufgrund von
Nachahmung, aber selten und nur während der Jugendzeit; bei
den Sueben jedoch wird bis ins graue Alter hinein das widerstre-
bende Haar nach hinten gekämmt und oft genau auf dem Scheitel
geknotet; die Fürsten tragen es noch kunstvoller. Das ist ihre
Schönheitspflege, eine harmlose freilich; denn nicht für Liebes-
begegnungen richten sie sich so her, sondern um dann, wenn sie
in den Krieg ziehen wollen, in den Augen der Feinde eine Art
schrecklicher Größe zu erreichen.

39

Als die ältesten und angesehensten unter den Sueben bezeichnen
sich die S é m n o n e n ; die Glaubwürdigkeit ihres hohen Alters
wird durch das religiöse Brauchtum erhärtet: Zu bestimmter Zeit
kommen alle Völkerschaften gleichen Blutes, durch Abordnungen
vertreten, in einem Wald zusammen, der durch Weihungen der
Väterzeit und durch uralte fromme Scheu geheiligt ist, bringen
dann im Namen des Bundes ein Menschenopfer dar und begehen
die schauerliche Vorfeier ihres barbarischen Kultes. Auch eine
andere Verehrung wird dem Hain noch gezollt: niemand betritt

ingreditur, ut minor et potestatem numinis prae se ferens. si forte prolapsus est, attolli et insurgere haud licitum; per humum evolvuntur. eoque omnis superstitio respicit, tamquam inde initia gentis, ibi regnator omnium deus, cetera subiecta atque parentia. adicit auctoritatem fortuna Semnonum: centum pagi iis habitantur, magnoque corpore efficitur, ut se Sueborum caput credant.

XL

Contra Langobardos paucitas nobilitat; plurimis ac valentissimis nationibus cincti non per obsequium, sed proeliis ac periclitando tuti sunt.

Reudigni deinde et Aviones et Anglii et Varini et Eudoses et Suardones et Nuitones fluminibus aut silvis muniuntur. nec quicquam notabile in singulis, nisi quod in commune Nerthum, id est Terram matrem, colunt eamque intervenire rebus hominum, invehi populis arbitrantur. est in insula Oceani castum nemus, dicatumque in eo vehiculum veste contectum; attingere uni sacerdoti concessum. is adesse penetrali deam intellegit vectamque bubus feminis multa cum veneratione prosequitur. laeti tunc dies, festa loca, quaecumque adventu hospitioque dignatur. non bella ineunt, non arma sumunt, clausum omne ferrum; pax et quies tunc tantum nota, tunc tantum amata, donec idem sacerdos satiatam conversatione mortalium deam templo reddat. mox vehiculum et vestis et, si credere velis, numen ipsum secreto lacu abluitur; servi ministrant, quos statim idem lacus haurit. arcanus hinc terror sanctaque ignorantia, quid sit illud, quod tantum perituri vident.

ihn, ohne gefesselt zu sein, und zwar zur Bekundung der menschlichen Unterlegenheit und der göttlichen Macht. Wenn jemand zufällig ausgleitet, darf er sich nicht aufheben lassen und nicht aufstehen; man wälzt sich auf dem Erdboden hinaus. Der ganze Glaube geht auf die Ansicht zurück, daß hier der Anbeginn des Stammes liege, hier der allherrschende Gott wohne, dem alles andere unterworfen sei und gehorchen müsse. Zum Ansehen haben auch die glücklichen Verhältnisse der Semnonen beigetragen: sie bewohnen hundert Gaue und betrachten sich, veranlaßt durch den großen Volkskörper, als den Hauptstamm der Sueben.

40

Die Langobarden dagegen macht ihre geringe Zahl berühmt: obwohl von sehr vielen übermächtigen Stämmen umgeben, sind sie nicht durch Unterwürfigkeit, sondern durch Kampf und Wagemut gesichert.

Die dann folgenden Reudigner, Avionen, Anglier, Variner, Eudosen, Suardonen und Nuitonen sind durch Flüsse oder Wälder geschützt. Zu den einzelnen ist nichts Besonderes zu bemerken, außer daß sie allgemein die Nerthus, das heißt die Mutter Erde, verehren und glauben, sie nehme teil am Treiben der Menschen und fahre bei den Völkern einher. Auf einer Insel des Ozeans gibt es einen unberührten Hain; darin steht, mit einem Tuch überdeckt, ein geweihter Wagen; ihn zu berühren ist allein dem Priester erlaubt. Er merkt, wenn die Göttin im Allerheiligsten weilt; und wenn sie, von Kühen gezogen, auf dem Wagen fährt, gibt er ihr in tiefer Ehrfurcht das Geleit. Froh sind dann die Tage, festlich die Orte, die sie ihrer Einkehr und ihres Besuches würdigt. Man zieht nicht in den Krieg, greift nicht zu den Waffen, weggeschlossen bleibt alles Eisen; nun kennt, nun liebt man nur noch Ruhe und Frieden, bis der nämliche Priester die Göttin, wenn sie des Umgangs mit den Sterblichen müde ist, wieder in ihr Heiligtum zurückbringt. Sodann wird der Wagen und die Decke und, wenn man es glauben will, die Gottheit selber in einem verborgenen See gewaschen. Dabei dienen Sklaven, die alsbald derselbe See verschlingt. Daher der geheime Schauder und das ehrwürdige Dunkel um jenes Wesen, das nur Todgeweihte schauen.

Et haec quidem pars Sueborum in secretiora
Germaniae porrigitur. proprior – ut, quo modo paulo ante Rhenum, sic nunc Danuvium
sequar – Hermundurorum civitas, fida Romanis; eoque solis Germanorum non in ripa
commercium, sed penitus atque in splendidis-
sima Raetiae provinciae colonia. passim et
sine custode transeunt; et cum ceteris gentibus arma modo castraque nostra ostendamus,
his domos villasque patefecimus non con-
cupiscentibus. in Hermunduris Albis oritur,
flumen inclutum et notum olim; nunc tantum
auditur.

XLII

Iuxta Hermunduros Naristi ac deinde Marco-
mani et Quadi agunt. praecipua Marcoma-
norum gloria viresque, atque ipsa etiam
sedes pulsis olim Boiis virtute parta. Nec
Naristi Quadive degenerant. eaque Germaniae
velut frons est, quatenus Danuvio peragitur.
Marcomanis Quadisque usque ad nostram
memoriam reges manserunt ex gente ipsorum, nobile Marobodui et Trudi genus. iam
et externos patiuntur, sed vis et potentia
regibus ex auctoritate Romana. raro armis
nostris, saepius pecunia iuvantur nec minus
valent.

XLIII

Retro Marsigni, Cotini, Osi, Buri terga Mar-
comanorum Quadorumque claudunt. e quibus
Marsigni et Buri sermone cultuque Suebos referunt; Cotinos Gallica, Osos Pannonica lingua coarguit non esse Germanos, et quod tri-

Dieser Teil des Suebenlandes erstreckt sich bis in die entlegeneren Gebiete Germaniens hinein. Näher bei uns liegt – um wie eben zuvor dem Rhein, so jetzt der Donau zu folgen – die Völkerschaft der Hermunduren, die uns Römern treu ergeben ist; darum sind sie die einzigen Germanen, die nicht nur auf dem Uferstreifen (der Donau), sondern auch im Innern unseres Landes und in der so prachtvollen Niederlassung (Augsburg) der Provinz Rätien Handelsverbindungen haben. Überall dürfen sie ohne Wachen die Grenze überschreiten; und während wir den übrigen Stämmen nur unsere Waffen und Feldlager zeigen, haben wir ihnen die Häuser und Gutshöfe aufgetan, denn nach so etwas haben sie kein Verlangen. Im Gebiet der Hermunduren entspringt die Elbe, einstmals ein vielgenannter und wohlbekannter Strom; jetzt hört man bloß noch von ihm reden.

42

Neben den Hermunduren leben die Narister und weiterhin die Markomannen und Quaden. Besonders groß ist der Ruhm und die Stärke der Markomannen; selbst ihr Siedlungsgebiet haben sie durch ihre Tapferkeit errungen, nachdem die Boier einst daraus vertrieben waren. Aber auch die Narister und Quaden schlagen nicht aus der Art. Das ist gleichsam die Frontseite Germaniens, soweit sie von der Donau gebildet wird. Bei den Markomannen und Quaden hat es bis in unsere Zeit hinein Könige aus ihrem eigenen Stamm gegeben, und zwar das berühmte Geschlecht des Marbod und Tuder. Nunmehr lassen sie sich auch stammfremde gefallen; Stärke und Gewalt haben diese Könige freilich nur aufgrund der römischen Machtstellung. Selten unterstützen wir sie mit unseren Waffen, häufiger schon mit Geld, ihre Geltung ist darum nicht geringer.

43

Dahinter bilden die Marsigner, Kotiner, Oser und Burer den rückwärtigen Abschluß der Markomannen und Quaden. Von diesen stellen die Marsigner und Burer in Sprache und Lebensweise Sueben dar; die Kotiner erweist ihre gallische Sprache, die Oser ihre pannonische als Nichtgermanen, ferner die Tatsache,

buta patiuntur. partem tributorum Sarmatae, partem Quadi ut alienigenis imponunt; Cotini, quo magis pudeat, et ferrum effodiunt. omnesque hi populi pauca campestrium, ceterum saltus et vertices montium iugumque[15] insederunt. dirimit enim scinditque Suebiam continuum montium iugum, ultra quod plurimae gentes agunt, ex quibus latissime patet Lugiorum nomen in plures civitates diffusum. valentissimas nominasse sufficiet, Harios, Helveconas[16], Manimos, Helisios, Nahanarvalos.

Apud Nahanarvalos antiquae religionis lucus ostenditur. praesidet sacerdos muliebri ornatu, sed deos interpretatione Romana Castorem Pollucemque memorant; ea vis numini, nomen Alcis. nulla simulacra, nullum peregrinae superstitionis vestigium; ut fratres tamen, ut iuvenes venerantur.

Ceterum Harii super vires, quibus enumeratos paulo ante populos antecedunt, truces insitae feritati arte ac tempore lenocinantur: nigra scuta, tincta corpora; atras ad proelia noctes legunt ipsaque formidine atque umbra feralis exercitus terrorem inferunt, nullo hostium sustinente novum ac velut infernum aspectum; nam primi in omnibus proeliis oculi vincuntur.

XLIV

Trans Lugios Gotones regnantur, paulo iam adductius quam ceterae Germanorum gentes, nondum tamen supra libertatem. protinus deinde ab Oceano Rugii et Lemovii; omniumque harum gentium insigne rotunda scuta, breves gladii et erga reges obsequium.

Suionum hinc civitates, ipso[17] in Oceano, praeter viros armaque classibus valent. forma navium eo differt, quod utrimque prora pa-

daß sie sich Tribute aufbürden lassen. Einen Teil der Tribute legen ihnen die Sarmaten, einen andern die Quaden auf, wie eben
bei Fremdstämmigen üblich; dabei graben die Kotiner, um die
Schande voll zu machen, sogar Eisen! Alle diese Völkerschaften
haben nur wenig Flachland in Besitz genommen, sonst meist be-
waldete Höhen und Bergrücken. Das Suebenland wird nämlich
von einem zusammenhängenden Bergzug durchschnitten und zer-
trennt. Hinter diesem leben noch sehr viele andere Stämme, von
denen sich die in mehrere Völkerschaften verzweigte Gruppe der
L u g i e r am weitesten ausdehnt. Es wird genügen, die wichtigsten
zu nennen: die H a r i e r, H e l v e k o n e n, M a n i m e r, H e l i -
s i e r und N a h a n a r v a l e r.

Bei den Nahanarvalern zeigt man einen Hain mit einem uralten
Kult. Vorsteher ist ein Priester in weiblicher Tracht; die Götter
aber sind, wie man berichtet, nach römischer Ausdeutung Castor
und Pollux; diesen entspricht ihr Wesen und Walten, ihr Name
ist ‹Alken›. Es gibt keine Bilder von ihnen, auch keine Spur eines
fremden Ursprungs dieses Glaubens; immerhin verehrt man sie
(wie Castor und Pollux) als Brüder und als Jünglinge.

Die Harier übrigens, grimmige Krieger, und zwar noch über
die Streitkräfte hinaus, durch die sie die soeben aufgezählten Völkerschaften überragen, verhelfen ihrer angeborenen Wildheit durch
künstliche Mittel und durch eine günstige Angriffszeit noch zu
besonderer Wirkung: ihre Schilde sind schwarz, ihre Leiber be-
malt; für ihre Kämpfe wählen sie finstere Nächte und verbreiten
schon durch das Schreckhafte und Düstere ihres ‹Geisterheeres›
Entsetzen, kein Feind hält den ungewohnten und geradezu hölli-
schen Anblick aus; bei allen Kämpfen werden ja die Augen zuerst überwunden.

44

Jenseits (nördlich) der Lugier leben die G o t o n e n, die von
einem König beherrscht werden, zwar schon etwas straffer als die
übrigen Germanenstämme, jedoch nicht über die Grenze der Freiheit hinaus. Gleich anschließend folgen am Meer die R u g i e r und
L e m o v i e r; kennzeichnend für all diese Stämme sind die Rund-
schilde, die Kurzschwerter und der Gehorsam gegen ihre Könige.

Dann kommen, schon im Meer, die Völkerschaften der S u i -
o n e n; deren Stärke liegt außer in ihren Kämpfern und Waffen
in ihren Flotten. Die Bauart ihrer Schiffe ist insofern sonderbar,

ratam semper appulsui frontem agit. nec velis
ministrant nec remos in ordinem lateribus
adiungunt; solutum, ut in quibusdam flumi-
num, et mutabile, ut res poscit, hinc vel illinc
remigium. est apud illos et opibus honos,
eoque unus imperitat, nullis iam exceptioni-
bus, non precario iure parendi. nec arma, ut
apud ceteros Germanos, in promiscuo, sed
clausa sub custode, et quidem servo, quia
subitos hostium incursus prohibet Oceanus,
otiosae porro armatorum manus facile lasci-
viunt; enimvero neque nobilem neque inge-
nuum, ne libertinum quidem armis praeponere
regia utilitas est.

XLV

Trans Suionas aliud mare, pigrum ac prope
immotum, quo cingi cludique terrarum orbem
hinc fides, quod extremus cadentis iam solis
fulgor in ortus edurat adeo clarus, ut sidera
hebetet;

        sonum insuper emergentis audiri for-
masque equorum et radios capitis aspici per-
suasio adicit. illuc usque, et fama vera, tantum
natura.

Ergo iam dextro Suebici maris litore Aes-
tiorum gentes adluuntur, quibus ritus habi-
tusque Sueborum, lingua Britannicae propior.
matrem deum venerantur. insigne superstitionis formas aprorum gestant; id pro armis
omniumque tutela securum deae cultorem
etiam inter hostis praestat.

               rarus ferri, fre-
quens fustium usus. frumenta ceterosque
fructus patientius quam pro solita Germanorum inertia laborant.

Sed et mare scrutantur ac soli omnium
sucinum, quod ipsi glesum vocant, inter vada
atque in ipso litore legunt. nec, quae natura

als sie an beiden Enden einen Bug haben, der immer eine fertige Stirnseite zum Anlaufen bietet. Sie bedienen sich keiner Segel und befestigen die Ruder nicht in einer Reihe an den Schiffswänden; das Ruderwerk ist lose wie bei manchen Flußkähnen und je nach Bedarf auf die eine oder andere Richtung umstellbar. Reichtum steht bei ihnen auch in Ehren, und demgemäß herrscht einer allein, nunmehr schon ohne alle Einschränkungen und ohne widerruflichen Anspruch auf Gehorsam. Auch sind die Waffen nicht, wie bei den übrigen Germanen, in freiem Gebrauch, sondern sind unter der Hut eines Wächters, und zwar eines Sklaven, weggeschlossen, einmal weil das Meer überraschende feindliche Einfälle verhindert, ferner weil bewaffnete Scharen ohne feste Aufgabe zu Ausschreitungen neigen; und gewiß ist es auch zweckmäßig für einen König, weder einen Adeligen noch einen Freien, ja nicht einmal einen Freigelassenen über die Waffen zu setzen.

45

Jenseits (nördlich) der Suionen liegt noch ein anderes Meer, träge und fast reglos; daß dieses den Rand und Abschluß des Erdenrunds bildet, wird bestätigt durch die Beobachtung, daß der letzte Schein der schon sinkenden Sonne bis zum Wiederaufgang in solcher Helle anhält, daß die Sterne vor ihm verblassen. Außerdem, so fügt ein fester Glaube hinzu, hört man das Tönen der emportauchenden Sonne und sieht die Umrisse der Pferde und das Strahlenhaupt (des Sonnengottes). Bis dahin nur – die Kunde ist zuverlässig – geht die Schöpfung.

Nun weiter: an der rechten (östlichen) Küste reichen die Fluten des Suebischen Meeres bis zu den Stämmen der Ä s t i e r , die das Brauchtum und das Erscheinungsbild der Sueben haben, deren Sprache aber der britannischen näher steht. Sie verehren die Göttermutter. Als Wahrzeichen ihres Glaubens tragen sie Nachbildungen von Ebern; ein solches Zeichen ist wie eine Waffenrüstung und wie ein Schutz gegen alles Unheil und macht den Verehrer der Göttin auch inmitten von Feinden gefeit. Nur selten verwendet man Eisenwaffen, häufig Knüttel. Auf den Anbau von Getreide und sonstigen Feldfrüchten verwenden sie geduldigere Arbeit, als man der üblichen Trägheit der Germanen zutrauen möchte.

Aber auch das Meer durchsuchen sie und sammeln als einzige von allen Germanen an seichten Stellen und am Strand selbst den Bernstein, den sie selber *glesum* nennen. Was er ist oder auf

quaeve ratio gignat, ut barbaris quaesitum
compertumve; diu quin etiam inter cetera
eiectamenta maris iacebat, donec luxuria
nostra dedit nomen. ipsis in nullo usu;
rude legitur, informe perfertur, pretiumque
mirantes accipiunt. sucum tamen arborum
esse intellegas, quia terrena quaedam atque
etiam volucria animalia plerumque inter-
lucent, quae implicata humore mox dures-
cente materia cluduntur.

fecundiora igitur
nemora lucosque, sicut Orientis secretis, ubi
tura balsamaque sudantur, ita Occidentis
insulis terrisque inesse crediderim, quae vi-
cini solis radiis expressa atque liquentia
in proximum mare labuntur ac vi tempes-
tatum in adversa litora exundant. si naturam
sucini admoto igni temptes, in modum
taedae accenditur alitque flammam pinguem
et olentem, mox ut in picem resinamve len-
tescit.

Suionibus Sitonum gentes continuantur.
cetera similes uno differunt, quod femina do-
minatur; in tantum non modo a libertate sed
etiam a servitute degenerant.

XLVI

Hic Sueviae finis. Peucinorum Venethorum-
que et Fennorum nationes Germanis an Sarmatis adscribam, dubito, quamquam Peucini,
quos quidam Bastarnas vocant, sermone cultu,
sede ac domiciliis ut Germani agunt.

sordes
omnium ac torpor procerum. conubiis mixtis
nonnihil in Sarmatarum habitum foedantur.

Venethi multum ex moribus traxerunt;
nam quicquid inter Peucinos Fennosque sil-
varum ac montium erigitur, latrociniis perer-
rant. hi tamen inter Germanos potius refe-

welche Weise er entsteht, das haben sie freilich, wie eben Barbaren sind, weder untersucht noch herausgebracht; ja, er blieb sogar lange unbeachtet unter dem sonstigen Auswurf des Meeres liegen, bis ihm unsere Prunksucht Bedeutung verschafft hat. Sie selbst haben für ihn keine Verwendung; roh wird er aufgelesen, unverarbeitet in den Handel gebracht; sie staunen über den Preis, den sie dafür bekommen. Daß er jedoch ein Baumharz ist, mag man daraus ersehen, daß sehr oft allerlei kriechende und auch geflügelte Tierchen hindurchschimmern, die sich in der Flüssigkeit verfingen und dann, als sich die Masse verfestigte, eingeschlossen blieben. Ich möchte daher vermuten, daß es, ebenso wie in den entlegenen Gebieten des Morgenlandes, wo die Bäume Weihrauch und Balsam ausschwitzen, auch auf den Inseln und in den Ländern des Westens recht ertragreiche Wälder und Haine gibt, welche durch die Einstrahlung der nahen Sonne Stoffe ausscheiden, die dann in flüssigem Zustand in das angrenzende Meer hinabrinnen und durch die Gewalt der Stürme an die gegenüberliegenden Küsten geschwemmt werden. Prüft man den Bernstein auf seine Beschaffenheit, indem man ihn an das Feuer hält, so entzündet er sich nach Art eines Kienspans und entwickelt eine fette, stark riechende Flamme, um danach zu einer zähen pech- oder harzähnlichen Masse zu werden.

An die Suionen schließen sich die Stämme der Sitonen an. Sonst jenen ähnlich, unterscheiden sie sich in dem einen, daß eine Frau bei ihnen herrscht; so tief stehen sie, nicht nur unter der Stufe freier Menschen, sondern auch unter der von Versklavten.

46

Hier ist das Suebenland zu Ende. Ob ich die Stämme der Peukiner, Venether und Fennen zu den Germanen oder zu den Sarmaten rechnen soll, weiß ich nicht recht, obschon sich die Peukiner, die manche auch Bastarner nennen, in Sprache, Lebensform, Siedlungsweise und Hausbau wie Germanen verhalten. Verwahrlosung bei allen und Dumpfheit bei den Vornehmen. Ihr Aussehen gleicht sich durch Mischehen merklich den unschönen Zügen der Sarmaten an.

Von deren Sitten haben auch die Venether viel angenommen; denn was sich zwischen den Peukinern und Fennen an bewaldeten Bergen erhebt, durchstreifen sie auf ihren Raubzügen. Trotzdem rechnet man sie besser zu den Germanen, weil sie feste

runtur, quia et domos figunt et scuta gestant et pedum usu ac pernicitate gaudent; quae omnia diversa Sarmatis sunt in plaustro equoque viventibus.

Fennis mira feritas, foeda paupertas: non arma, non equi, non penates; victui herba, vestitui pelles, cubile humus; sola in sagittis spes, quas inopia ferri ossibus asperant. idemque venatus viros pariter ac feminas alit; passim enim comitantur partemque praedae petunt. nec aliud infantibus ferarum imbriumque suffugium, quam ut in aliquo ramorum nexu contegantur; huc redeunt iuvenes, hoc senum receptaculum. sed beatius arbitrantur quam ingemere agris, inlaborare domibus, suas alienasque fortunas spe metuque versare: securi adversus homines, securi adversus deos rem difficillimam assecuti sunt, ut illis ne voto quidem opus esset.

Cetera iam fabulosa: Hellusios et Oxionas [18] ora hominum vultusque, corpora atque artus ferarum gerere; quod ego ut incompertum in medium relinquam.

Häuser bauen, Schilde tragen sowie rasch und gern auf den Füßen sind; das ist alles verschieden von den Sarmaten, die ihr Leben auf Roß und Wagen verbringen.

Bei den Fennen ist ihre Tierhaftigkeit absonderlich, abstoßend ihre Dürftigkeit: keine Waffen, keine Pferde, kein Zuhause; als Nahrung Kräuter, als Kleidung Felle, als Lager der Erdboden; ihre einzige Hoffnung sind ihre Pfeile, die sie mangels Eisen mit Knochenspitzen versehen. Von ein und derselben Jagd leben die Männer ebenso wie die Frauen; diese ziehen nämlich überallhin mit und beanspruchen ihren Anteil an der Beute. Die kleinen Kinder haben keinen anderen Unterschlupf vor den wilden Tieren und Regengüssen, als daß man sie unter irgendeinem Geflecht aus Baumzweigen birgt. Dahin ziehen sich auch die Erwachsenen zurück, das bildet die Unterkunft der Alten. Und doch halten sie das für glückhafter, als unter der Feldarbeit zu stöhnen, sich mit Häuserbau abzuplagen und mit Hoffen und Bangen aus eigener oder fremder Habe Umsätze zu erzielen. Sorglos gegenüber Menschen, sorglos gegenüber Göttern, haben sie das Schwerste erreicht: ohne jeden Wunsch auszukommen.

Alles weitere ist nun schon Märchen: daß die Hellusier und Oxionen Gesicht und Antlitz von Menschen, aber Leib und Glieder von Tieren haben. Dies will ich als unerforscht in der Schwebe lassen.

LESARTEN

1 *Tuistonem* steht nicht in allen Handschriften; die Handschrift E hat *Tuisconem*.

2 In mehreren Handschriften ist hier ασκιπύργιον eingefügt.

3 *Albrunam* ist Konjektur von Wackernagel; die Handschriften bieten zumeist *Auriniam*.

4 *Herculem et* fehlt in mehreren Handschriften.

5 Die Handschriften bieten *consuletur*.

6 In einem Teil der Handschriften steht *pariendum*.

7 Diesen Satz sehen manche als Randbemerkung an; vielleicht ist *communis* statt *comis* zu lesen.

8 *in vices* oder *in vicem* könnte auch Randbemerkung sein.

9 *vultu* haben die meisten Handschriften; andere bieten (vielleicht richtiger) *cultu*.

10 *iam* steht in mehreren Handschriften hinter *urgentibus*.

11 *nomine* bieten alle Handschriften; vielleicht ist aber in *nomina* zu ändern.

12 *Fosi* gibt es nicht, wenn einige Handschriften mit ihrer Lesart *fusi* recht haben.

13 *pectuntur* ist Konjektur von Heubner; die meisten Handschriften haben *sequuntur*.

14 *ornantur* lesen die einen, *armantur* die anderen Handschriften; *compti ut* ist vielleicht in *comptius* zu ändern.

15 *iugumque* der Handschriften ist wohl zu tilgen.

16 *Helveconas* oder *Helvetonas* steht in den Handschriften; vielleicht ist aber *Helvaeonas* zu lesen.

17 *ipso* steht in den einen, *ipsae* in den anderen Handschriften.

18 In einem Teil der Handschriften steht *Etionas*.

CAESARS BERICHT ÜBER DIE GERMANEN

C. Iulius Caesar (100–44 v. Chr.) ist auf seinen Feldzügen gegen
die Gallier (58–52) mehrmals auch mit Germanenstämmen in
Berührung gekommen. Ihre Lebensgewohnheiten hat er in seinem Werk ‹Über den Gallischen Krieg› (De bello Gallico) an
zwei Stellen kurz geschildert, teils um die Gefährlichkeit dieser
wenig bekannten Stämme herauszustellen, teils um sein Werk
abwechslungsreich zu gestalten. Weil er seine eigenen Beobachtungen da und dort mit vorgeformten Nachrichten aus der Literatur (Poseidonios) und geläufigen völkerkundlichen Gemeinplät-
zen verbunden hat, findet sich in seiner Schilderung wertvolles
Erfahrungsgut neben unverbürgten Meinungen. Caesar ist der
erste, der den Unterschied zwischen Galliern und Germanen klar
festgestellt und den frühesten uns erhaltenen Bericht über die
Germanen gegeben hat.

Die Sueben [IV, 1–3]

Der Stamm der Sueben ist der weitaus größte und kriegerischste
unter allen Germanen. Wie es heißt, haben sie hundert Gaue, von
denen sie jedes Jahr je 1000 Bewaffnete zur Kriegsführung aus
ihrem Gebiet ausrücken lassen; der Rest, der zu Hause geblieben
ist, schafft die Nahrung für sich und jene. Umgekehrt wiederum
steht dieser Teil im Jahr darauf unter Waffen, während jene da-
heim bleiben. So erleidet weder der Ackerbau noch die Schulung
und Übung im Kriegswesen eine Unterbrechung. Privaten, getrennten Grundbesitz gibt es bei ihnen nicht; auch ist es verboten,
länger als ein Jahr auf ein und derselben Flur zur Feldbestellung
zu bleiben.
  Sie leben vielfach nicht von Getreide, sondern größtenteils von
Milch und Fleisch und sind viel auf Jagd. All das, die Ernäh-
rungsweise, die tägliche Übung und die Ungebundenheit des Lebens – müssen sie sich doch von Kindheit auf an keine Pflicht und
Zucht gewöhnen und brauchen überhaupt nichts gegen ihren
Willen zu tun –, fördert ihre Kraft und schafft einen Menschenschlag von gewaltiger Körpergröße. Sie haben sich auch so abgehärtet, daß sie trotz der bitterkalten Gegend keine Kleidung
außer Fellen tragen – wegen deren Kleinheit bleibt der Körper
großenteils unbedeckt – und daß sie in Flüssen baden.

Händler haben bei ihnen Zutritt mehr deshalb, damit sie Auf-
käufer für ihre Kriegsbeute haben, als weil sie irgendwelche Dinge
in ihr Land eingeführt sehen möchten. Nicht einmal eingeführte
Zugtiere (Pferde), an denen doch die Gallier sehr große Freude
haben und die sie sich für teures Geld anschaffen, verwenden die
Germanen, sondern die einheimischen, kleine und unschöne Tiere,
die sie aber durch tägliche Übung höchst leistungsfähig machen.

In Reitergefechten springen sie oft von ihren Pferden ab und
kämpfen zu Fuß weiter; ihre Pferde richten sie ab, an derselben
Stelle stehenzubleiben, und wenn es notwendig ist, ziehen sie sich
rasch zu ihnen zurück. Ihrer Sitte gemäß halten sie nichts für
schimpflicher oder schlaffer, als Sättel zu benutzen. Daher wagen
sie sich, selbst wenn sie noch so wenige sind, an jede beliebige
Menge von Sattelreitern heran.

Die Einfuhr von Wein dulden sie überhaupt nicht, weil sie
glauben, daß hierdurch die Menschen zu weich und weibisch würden, um noch Anstrengungen zu ertragen.

Sie meinen, es sei höchst rühmlich für ihren Stamm, wenn an
den Grenzen die Felder möglichst weithin unbebaut sind; das
sei ein Zeichen dafür, daß eine große Anzahl von Stämmen sich
gegen ihre Übermacht nicht habe behaupten können. So sollen wirklich auf der einen Seite (Ostseite) vom Suebenland die
Felder ungefähr 100 (nach anderer Lesart 600) Meilen weit unbebaut sein. Auf der anderen Seite folgen die Ubier, deren
Stamm einst – für germanische Begriffe – bedeutend und blühend
war. Diese sind etwas gesitteter als die übrigen stammverwand-
ten Gruppen, weil sie an den Rhein angrenzen und häufig Händler zu ihnen kommen und weil sie sich infolge der Nachbarschaft
den gallischen Sitten angepaßt haben. Obwohl sich die Sueben
in zahlreichen Kriegen mit ihnen gemessen haben, sie freilich
wegen der Größe und Bedeutung des Volkes nicht aus dem Land
treiben konnten, haben sie sich die Ubier doch tributpflichtig gemacht und sie ziemlich stark gedrückt und geschwächt.

Gallier – Germanen [VI, 21–28]

Die Germanen weichen stark von der (in Kap. 11–20 geschilder-
ten) gallischen Lebensweise ab. Sie haben nämlich keine Druiden,
die den Götterdienst leiten, noch geben sie viel auf Opferhand-
lungen. Zu den Göttern rechnen sie bloß die, die sie sehen können und deren Hilfe sie deutlich spüren: die Sonne, das Feuer,

den Mond; von den übrigen haben sie nicht einmal Kunde erhalten.

Ihr ganzes Leben ist auf Jagd und Kriegsübung abgestellt; schon von Kindheit auf suchen sie Anstrengung und Abhärtung. Wer am längsten ohne geschlechtliche Erfahrung bleibt, erntet unter seinen Stammesgenossen größtes Lob. Dies, so meinen sie, fördere den Wuchs, fördere die Kraft und festige die Sehnen.

Vor dem zwanzigsten Lebensjahr gar Verkehr mit einer Frau gehabt zu haben, rechnen sie zu den schimpflichsten Dingen; doch gibt es in dieser Hinsicht kein geheimes Getue, weil beide Geschlechter gemeinsam in den Flüssen baden und nur Felle oder kleine Pelzhüllen tragen, wobei ein großer Teil des Körpers nackt bleibt.

Auf den Ackerbau verwenden sie keinen Eifer, und ihre Nahrung besteht zum größten Teil aus Milch, Quark und Fleisch. Niemand besitzt eine bestimmte Menge Ackerland oder eigenen Grund, sondern die Oberen und die Häuptlinge weisen den Stämmen, Sippen und Siedlungsgemeinschaften für jedes Jahr nach ihrem Gutdünken Größe und Lage des Ackerlandes zu und veranlassen sie, das Jahr darauf anderswohin zu ziehen. Hierfür geben sie viele Gründe an: damit die Leute nicht wegen der Gewöhnung an die Seßhaftigkeit ihre Neigung zum Kriegführen gegen den Ackerbau vertauschen; damit sie keine weiten Liegenschaften zu erwerben trachten und dabei nicht die Mächtigen die Schwachen aus ihrem Besitz vertreiben; damit sie keine größere Sorge an den Hausbau wenden, als zur Vermeidung von Hitze und Frost nötig ist; damit keine Geldgier aufkommt, woraus nur Parteiungen und Zwistigkeiten entstehen; damit sie die Leute zufriedenen Sinns zusammenhalten können dadurch, daß jeder einzelne sich materiell mit den Mächtigsten gleichgestellt sieht.

Für die Stämme ist es der größte Ruhm, möglichst weit um sich herum versteppte Gebiete und Ödland zu haben (vgl. IV 3). Sie sehen es als Beweis für ihre Tapferkeit an, wenn die Nachbarn, von der Scholle vertrieben, ihr Gebiet aufgeben und niemand sich in der Nähe anzusiedeln wagt. Sie meinen auch, sie seien dadurch besser geschützt, nachdem die Furcht vor einem plötzlichen Einfall behoben sei.

Wenn ein Stamm einen Verteidigungs- oder Angriffskrieg führt, werden Obere gewählt, die in diesem Krieg die Führung und die Gewalt über Leben und Tod haben. In Friedenszeiten gibt es keine gemeinsame Obrigkeit, sondern die Gebiets- und Gau-

fürsten sprechen bei ihren Leuten Recht und schlichten Streitig-
keiten.

Raubzüge haben nichts Entehrendes, wenn sie außerhalb des
jeweiligen Stammesgebietes durchgeführt werden, ja man sagt
geradeheraus, daß sie stattfänden, um die junge Mannschaft zu
schulen und das träge Herumsitzen einzudämmen. Wenn einer
von den Häuptlingen in der Versammlung erklärt, er werde den
Anführer machen, und wer ihm folgen wolle, der solle sich mel-
den, dann erheben sich alle, denen die Sache und der Mann gefällt, und versprechen ihre Mithilfe und bekommen von der
Masse Beifall; wer von diesen dann nicht folgt, wird als Ausrei-
ßer und Verräter angesehen, und in gar nichts findet er später
noch Glauben.

Den Gast zu verletzen gilt als Frevel. Aus welchem Anlaß er
auch zu ihnen kommen mochte, sie schützen ihn vor Unrecht und
behandeln ihn als unverletzlich; jedermanns Haus steht ihm
offen, und man teilt mit ihm das Essen.

Es gab früher eine Zeit, wo die Gallier den Germanen an Tapferkeit überlegen waren, ja von sich aus Angriffskriege führten,
und wo sie wegen ihres Bevölkerungsüberschusses und der Land-
not Siedlergruppen über den Rhein schickten. Deshalb sind die
fruchtbarsten Gegenden Germaniens um den Herkynischen Wald
– wie ich sehe, ist dieser dem Eratosthenes und einigen Griechen
vom Hörensagen bekannt und heißt bei ihnen der Orkynische –
von den keltischen (welschen) Tektósagen eingenommen und besiedelt worden. Dieser Stamm hält sich bis in unsere Zeit in diesem Siedlungsgebiet und genießt den Ruf höchster Rechtlichkeit
und Kriegstüchtigkeit. Weil nun die Germanen jetzt noch ebenso
ärmlich, karg und genügsam leben wie früher, haben sie noch
dieselbe Lebensweise und Kleidung; weil die Gallier aber durch
die Nähe der römischen Provinzen und die Bekanntschaft mit
überseeischen Erzeugnissen so manches zum Wohlstand und Ge-
nuß geboten bekommen, haben sie sich nach und nach daran ge-
wöhnt, die Unterlegenen zu sein, und nach vielen verlorenen
Schlachten stellen sie sich in der Tapferkeit auch selbst schon gar
nicht mehr neben die Germanen.

Der folgende Abschnitt ist vielleicht nicht von Caesar selbst verfaßt.

Die Breite des Herkynischen Waldes, auf den oben hingewiesen wurde, beträgt für einen rüstigen Fußgänger neun Tagemärsche; anders läßt sie sich nämlich nicht bestimmen, man kennt ja keine Streckenmessung. Er beginnt im Gebiet der Helvetier, Nemeter und Rauraker und zieht sich gleichlaufend mit dem Donaufluß hin bis ins Gebiet der Daker und Anarten. Dann biegt er nach links ab, in anderer Richtung als der Flußlauf, und berührt wegen seiner Ausdehnung das Gebiet vieler Völkerstämme. Es gibt niemanden in diesem Germanien, der sagen könnte, er sei bis ans andere Ende dieses Waldes gekommen, auch wenn er eine Strecke von 60 Tagen zurückgelegt hätte, oder der erfahren hätte, wo er anfängt.

Die Erläuterungen suchen die wesentlichen Ergebnisse der neueren Forschung zur Germania zusammenzufassen.

Von den antiken Autoren sind außer Caesar (vgl. S. 71) häufiger zitiert:

Herodot, um 484–425, der ‹Vater der Geschichtsschreibung›, schrieb aufgrund weiter Reisen seine ‹Historie› in neun Büchern über Lyder, Perser, Ägypter, Babylonier, Skythen und Griechen.

Poseidonios, um 135–51, war einer der universalsten griechischen Gelehrten des Altertums; von seinen zahlreichen historischen, philosophischen und naturwissenschaftlichen Werken sind nur Bruchstücke erhalten.

Strabon, um 63 – um 20 n. Chr., schrieb aufgrund eigener Reisen und guter Kenntnis des Schrifttums sein wertvolles Werk ‹Geographiká› in 17 Büchern.

Plutarch, um 46–120, der letzte große Schriftsteller Griechenlands, schrieb viele philosophische Abhandlungen, die ‹Ethiká›, und ‹Parallelbiographien› berühmter Griechen und Römer.

L. Annaeus Seneca, um 4–65, Erzieher, Staatsmann und Philosoph stoischer Richtung, schrieb in glänzendem Stil philosophische Abhandlungen und Briefe über ethische Probleme und naturwissenschaftliche Untersuchungen sowie mehrere Tragödien.

C. Plinius Secundus, 23–79, war einer der besten Kenner Germaniens, weil er das Land vom Oberrhein bis zum Niederrhein bei militärischen Dienstaufträgen mehrmals selbst gesehen hat; in seiner ‹Naturkunde› (*naturalis historia*) in 37 Büchern finden sich mehrere Nachrichten über den germanischen Raum.

Ammianus Marcellinus, um 330–400, römischer Offizier griechischer Herkunft, schrieb eine großenteils verlorene Geschichte über die Zeit von 96 bis 378.

Abkürzungen: ahd. = althochdeutsch, aind. = altindisch, anord. = altnordisch, bair. = bairisch, engl. = englisch, frz. = französisch, gall. = gallisch, germ. = germanisch, got. = gotisch, gr. = griechisch, ital. = italienisch, lat. = lateinisch, mhd. = mittelhochdeutsch.

Wörter und Formen, denen ein *vorgesetzt ist, sind *rekonstruiert* und nicht belegt; z ist ein stimmhaftes *s*; der stimmhafte dentale Spirant ist mit *d*, der stimmlose mit *th* wiedergegeben.

Die *Numerierung* der erläuternden Kapitel entspricht den Kapiteln des Textes.

1. Das Land und seine Grenzen

In ethnographischen Schriften war es üblich, zuerst einmal das behandelte Gebiet abzugrenzen. ‹Germanien insgesamt› – der Ausdruck spielt auf die Anfangsworte in Caesars ‹Bellum Gallicum› an – ist für Tacitus der Siedlungsraum der germanischen Stämme, die in Sprache und Sitte eine gewisse lockere Einheit bildeten, jedenfalls von den Römern als Einheit angesehen wurden.

Ihre Grenznachbarn im Westen links des Rheins waren die bereits mit Germanen durchmischten keltischen Gallier, im Süden rechts der Donau die von den Römern unterworfenen Keltenstämme der Provinz Rätien (heute Ostschweiz, Tirol, Vorarlberg und Südbayern), deren Name in Rieß (ahd. *Rēzi* und *Riezi*) fortlebt, an sie östlich anschließend die von Tac. nicht genannten Noriker (im Gebiet zwischen Inn und Wiener Wald) und die Illyrer in der römischen Provinz Pannonien (heute Burgenland, westliches Ungarn und nördliches Jugoslawien), im Südosten die ‹skythischen› Nomadenstämme der Sarmaten und Jazygen (besonders in der nördlichen Theißebene) und die thrakischen Daker (im heutigen Rumänien). Als Ostgrenze wird im 1. Jh. n. Chr. gewöhnlich die Weichsel (lat. *Vistula*) genannt. Tac. legt sich nicht so genau fest, weil damals dort eine eindeutige Grenze nicht anzugeben war; er nennt in einer stabreimenden Prägung ‹beiderseitige Furcht und Berge› und meint damit wahrscheinlich die unbewohnten Ödlandstreifen zwischen den betreffenden Völkern und die Karpaten. Von der Nordgrenze gestaltet er ein besonders eindrucksvolles Bild. Dort umschließt das Weltmeer ‹weite Landausbuchtungen und unermeßliche Inselräume› (heute Jütland, dänische Inseln und Skandinavien, das man damals für eine ungeheuer große Insel hielt). Seit Menschengedenken wußte man vom Norden nur dieses wenige, und tatsächlich hat erst ‹in neuerer Zeit›, nämlich im Jahre 5 n. Chr., eine kriegerische Flottenunternehmung des späteren Kaisers Tiberius in diese unbekannte Welt geführt, den Gesichtskreis erweitert und neue Völkerschaften erschlossen (vgl. Monumentum Ancyranum 26 und Plinius II 167).

Die angegebenen Flußgrenzen Rhein und Donau sind für das Abfassungsjahr 98 der Germania nicht mehr ganz genau; denn viele Germanenstämme wohnten westlich des Rheins, und nördlich der oberen Donau wurde ein Grenzweg mit Sperrzaun als Trennlinie angelegt. Nun darf man dem Autor hier nicht etwa einen Irrtum (aufgrund einer älteren Quelle?) ankreiden, denn Grenzänderungen waren ihm durchaus bekannt (vgl. Kap. 28 u. 29); Tac. gibt vielmehr diese Flußgrenzen bewußt: zum ersten haben die beiden Ströme Rhein und Donau große Bedeutung für Gliederung und Aufbau des zweiten Teils des Werkes, zum andern sind Ströme als natürliche Länder- und Völkerscheiden seit eh und je üblich, ja selbstverständlich.

Die Beschreibung des Verlaufs beider Ströme ist stilisiert: sie werden personifiziert nebeneinander gestellt und durch Antithesen in ihrem lebendigen Tun beschrieben. Der Ursprung des R h e i n s konnte sehr lange nicht sicher angegeben werden. Caesar sucht ihn im Gebiet der Lepontier (im heutigen Tessin), Strabon im Adula-Gebirge (heute St. Gotthard); die Quellbäche (Vorderrhein beim St. Gotthard, Medelser Rhein, Hinterrhein vom Adulagletscher) waren unbekannt. Für den Lauf wird meist Süd-Nordrichtung angenommen; das Rheinknie bei Basel wird übersehen, die ‹mäßige Biegung westwärts› vollführt natürlich der Niederrhein. Die Mündungsarme sind bei Caesar (IV 10) schon recht genau beschrieben; man kennt zwei (Strabon IV 193; Tac. ann. II 6) oder drei (Plinius IV 101). Die D o n a u ist alter Handelsweg; deshalb setzt die Kunde über sie früh ein. Freilich weiß man lange nicht, daß der von den Griechen ‹Istros› genannte Strom derselbe ist wie die Donau, nämlich deren Unterlauf. Ihre Quellen werden bald immer besser lokalisiert (Keltenland bei den Pyrenäen, Alpen) und schon im Jahre 15 v. Chr. von Tiberius im Abnoba-Gebirge gefunden. Die Zahl der Mündungen wird (Strabon VII 305, Plinius IV 79, den Tac. hier wohl benutzt) mit sieben angegeben, wahrscheinlich analog zu den berühmten sieben Armen des Nils.

Der Name Rhein stammt gewiß aus dem Keltischen (*Reinos, gall. Rēnos, gr. Ῥῆνος, lat. Rhēnus, germ. *Rinaz, ahd. Rīn), der Name Donau vielleicht aus dem Keltischen (*Dānovios, lat. Dānuvius, got. *Dōnawi, ahd. Tuonouwa).

Es fällt auf, daß sich Tac. in den geographischen Angaben sehr kurz faßt, obwohl man zu seiner Zeit schon ziemlich ausgebreitete Kenntnisse über das Land Germanien hatte, wie ein Vergleich mit der Darstellung Strabons (VII 289–295) zeigt. Er wollte eben den Leser sofort zu den Bewohnern des Landes mit ihren Sitten und Gebräuchen führen; diese sind sein eigentliches Thema.

Thema des Abschnittes über die germanische Urgeschichte ist die Überzeugung des Tac., die Germanen seien U r e i n w o h n e r (Autochthonen) des Landes und ein r e i n b l ü t i g e s V o l k. In fünf Schritten sucht er das durch folgende Überlegungen zu erhärten:

a) Zuwanderungen fremder Stämme in diese Gegenden sind unwahrscheinlich, Autochthonie (Ureinwohnerschaft) der Germanen also wahrscheinlich (Kap. 2),

b) alte Lieder führen den Ursprung des Volkes auf eine Gottheit zurück – Tuisto und die Söhne des Mannus – (Kap. 2),

c) die wichtigsten Stammesnamen sind alt, die Bezeichnung Germania freilich ist jung (Kap. 2),

d) Sagen über Besuche fremder Heroen und Helden – Hercules und Odysseus – verdienen wenig Glauben (Kap. 3),

e) das einheitliche äußere Erscheinungsbild der Germanen erklärt sich aus der Reinblütigkeit (Kap. 4). .

Die Kapitel über die germanische Urgeschichte sind – wie gar nicht anders zu erwarten – die problemreichsten des ganzen Werkes.

a) Die A u t o c h t h o n i e möchte Tac. durch zwei Überlegungen erweisen: a) Einwanderungen in dieses Gebiet auf dem Seewege sind unwahrscheinlich; b) niemanden zieht es in dieses unwirtliche Land. Beide Überlegungen sind zu eng gedacht: Tac. verallgemeinert die ihm bekannten Einwanderungssagen verschiedener Mittelmeervölker (Trojaner-Römer, Phoiniker-Karthager, Lyder-Etrusker) allzusehr oder argumentiert zu stark von der Psychologie des Römers aus.

Heute darf in dieser Frage als gesichertes Wissen gelten: Um 2000 v. Chr. findet man in einem weiten Gebiet um die westliche Ostsee eine Kultur von großer Einheitlichkeit (Megalithkultur). Ihre Träger, die Erbauer der Riesensteingräber (Totenhäuser aus riesigen Steinblöcken für mächtige Sippenglieder), sind bodenständige Bauern, Viehzüchter und Fischer. Dieser Kulturkreis wird in der zweiten Hälfte des zweiten Jahrtausends durch feindliche Auseinandersetzungen gestört: streitbare Kriegervölker, die über formschöne steinerne Streitäxte verfügen und ihre Toten in Einzelgräbern bestatten, fallen mit unwiderstehlicher Gewalt zuerst von Norden her, dann längs der Elbe in das Gebiet der Megalithkultur ein, drängen die ursprüngliche Bevölkerung, vor allem in Schleswig-Holstein und Jütland, beiseite oder überlagern sie und verschmelzen schließlich mit ihr; schon vor 1200 (mittlere nordische Bronzezeit) ist der Verschmelzungsvorgang abgeschlossen und eine neue völkische Einheit entstanden: die Germanen. In den Eindringlingen sieht man Gruppen der von der Sprachwissenschaft erschlossenen sog. Indogermanen, die ihre Urheimat wahrscheinlich im nordöstlichen Mitteleuropa, genauer wohl im Gebiet der ‹Lachsflüsse›, d. h. im Stromnetz von Weichsel, Oder und Elbe hatten. Die Verschmelzungsvorgänge erkennt man heute noch am Wortschatz der germanischen Sprachen; denn dieser läßt sich nur zu etwa zwei Dritteln etymologisch mit anderen indogermanischen Sprachen vergleichen und deuten, das andere Drittel stammt wohl von den Riesensteingräberleuten. Ferner lebt in der germanischen Glaubenswelt neben und mit der Fruchtbarkeitsreligion der Wanen, die ein Ackerbauvolk ausgeübt hat (vgl. Kap. 40), die andersgeartete Kriegerreligion der Asen. Ein ‹unvermischtes Volk› sind also die Germanen keineswegs. Trotzdem hat Tac. nicht ganz unrecht, weil er bei seiner Angabe eben vergleichend an den völkisch so zerrissenen Mittelmeerraum denkt.

Im Gebiet der oberen Donau hatten sich indogermanische Gruppen mit den sog. Bandkeramikern verschmolzen und dann die neue völkische Einheit der Kelten gebildet.

Im ersten Jahrtausend v. Chr. breiteten sich die Germanen ständig aus, vor allem nach Süden, aber auch nach Westen und Osten; sie schoben die Kelten zurück und erreichten spätestens um die Zeitenwende die Donau. Zur Zeit des Tac. kann man etwa folgende Großgruppen unterscheiden: Elbgermanen, Rhein-Wesergermanen, Nordseegermanen, Oder-Weichselgermanen (Ostgermanen) und Nordgermanen. Die Elbgermanen und Rhein-Wesergermanen wuchsen später zu den Deutschen zusammen, die Nordseegermanen wanderten zum größten Teil (außer den Friesen) nach Britannien aus, die Oder-Weichselgermanen gingen in der Völkerwanderungszeit unter.

b) Tuisto und die Söhne des Mannus

Bei der Erklärung der Anfänge eines Volkes hat die Antike gewöhnlich ein anderes Denkmodell als wir, nämlich ein mythisches. Sie führt den Ursprung der Menschen und Völker auf Gottheiten zurück, ja knüpft ihn gelegentlich sogar an das Entstehen

der Gottheiten selbst, verbindet also Anthropogonie und Ethnogonie mit der Theogonie. Einen solchen Ansatz, der schon ein
hohes Selbstverständnis des Menschen beweist, nennt Tac. auch
als germanische dichterische Überlieferung. Es ergibt sich etwa
folgendes Bild: Die wohl persönlich gedachte E r d e , die Mutter
allen Lebens, bringt den zweigeschlechtigen Gott T u i s t o hervor
(vgl. anord. *twistr* ‹Zwitter› und den nordischen Riesen Ymir;
wenn die Lesart der Handschrift E Tuisco, germ. **Tiwisko*, richtig
ist, dann könnte damit der Sohn des Himmelsgottes Tiwaz aus
seiner Verbindung mit der Erdgöttin gemeint sein). Von Tuisto
stammt M a n n u s (vgl. got. *manna*, ahd. *mann* ‹Mensch, Mann›),
der Stammvater der Menschen. Dieser hat drei S ö h n e , die Begründer der drei großen Völkergruppen, der *Ingaevones*, *Herminones* und *Istaevones*.

Was steht nun hinter diesem Ursprungsmythos? Gewiß darf
man in ihm nicht lediglich ein Wandermotiv sehen, etwa deswegen, weil Herodot (IV 5–15) aus der Frühgeschichte der Skythen
etwas ähnliches erzählt; denn die drei Söhne des Mannus und
damit die drei Völkergruppen tragen germanische Namen und
sind in typischer Weise durch den stabenden Anlaut miteinander
verbunden (*h* in *Herminones* ist nicht ursprünglich, sondern erst
römisch). Ferner ist das Denken in Dreiheiten bei der Theogonie
und Ethnogonie in der alten Welt verbreitet; im griechischen Mythos z. B. stammen von Kronos die drei Söhne Zeus, Hades und
Poseidon; von Hellen die drei Stammesgründer Doros, Xuthos und
Aiolos; in einer skythischen Ursprungssage von Herakles die
drei Söhne Agathyrsos, Gelonos und Skythes; in der nordischen
Welt von Burr die drei Söhne Odinn, Vili und Ve.

Die Herausbildung und Bezeichnung der drei großen Völkergruppen darf man aus sprachlichen und geschichtlichen Gründen
schon lange vor der Zeitenwende ansetzen.

Bei der Deutung der Namen schließt man so: Die Endung *aevo-
nes* führt auf germ. **aiwa, aiwō*, ahd. *ēwa* ‹Rechtsordnung, Gesetz›. *Ingaevones* müssen dann diejenigen sein, für die das Gesetz
des Ing gilt. Nun ist ein angelsächsischer Gottesname Ing (germ.
*Ingu, Ingwia, anord. *Yngvi* als Beiname des Gottes Freyr) tatsächlich belegt. *Ingaevones* deutet man deshalb als Kultverband,
der das Gesetz des Ing befolgt. *Herminones* oder *Erminones* bringt
man gewöhnlich zusammen mit germ. **ermena* ‹allgemein› (erhalten in dem verallgemeinernden ahd. Wort *irmin-* in *irmin-man*
und *irmin-got*). *Istaevones* ist nicht sicher zu erklären. Nach einer

anderen Deutung ist Ingu ein westgermanischer phallischer Fruchtbarkeitsgott (dem nordischen Freyr entsprechend), Irmin der allgewaltige Gott (nämlich Ziu, der Himmelsgott und spätere Kriegsgott) und Istwi (aus Idistwi) der Führer der Idisen oder Walküren (nämlich Wodan). Die drei Völkergruppen sind demnach Kultverbände dreier Hauptgottheiten, die aber zur Zeit des Tac. vielleicht schon gelockert oder aufgelöst waren. Hinsichtlich des Siedlungsraumes darf man in näherungsweiser Eingrenzung in den Ingaevonen die Nordseegermanen, in den Istaevonen die Rhein-Wesergermanen und in den Herminonen die Elbgermanen sehen.

Im übrigen gab es nach Tac. auch eine weitere (germanische oder römische?) Überlieferung: Von Göttersöhnen leiteten angeblich ihre Abstammung auch her die Marser (südlich der oberen Lippe), die Gambrivier (der rechts des Rheins zwischen Sieg und Ruhr siedelnde Rest der Sugambrer), die Sueben (östlich der Elbe) und die Vandilier oder Vandalen (wohl zwischen der mittleren Oder und Weichsel). Plinius (IV 99) geht über die alte Dreiheit (bei ihm *Inguaeones, Herminones* und *Istuaeones*) hinaus und berücksichtigt auch die Ausbreitung der Germanen nach Osten; er nennt nämlich noch die *Vandili* und die *Peucini* oder *Basternae* (an der unteren Donau).

c) Der Name G e r m a n i a ist nach Tac. im Gegensatz zu den oben behandelten alten Bezeichnungen noch neu und erst kürzlich gegeben worden. Leider liegt hier aber nach Leibniz ein *vexatissimus locus varietate interpretationum* (eine durch die Verschiedenheit der Deutungen sehr mißhandelte Stelle), ja der problematischste Satz der Germania überhaupt vor.

Wenn man den überlieferten Wortlaut nicht antastet, darf folgendes als gesichert gelten: Die N a m e n g e b u n g hängt zusammen mit der wohl schon ziemlich früh erfolgten Vertreibung von Galliern aus ihrem Siedlungsraum durch eine den Rhein überschreitende Germanengruppe, die natürlich ihren Namen in das linksrheinische Gebiet mitbrachte, aber zur Zeit des Tac. bereits anders hieß, nämlich Tungrer (erhalten in Tongern). Dieser sonderbare Namenswechsel ist ohne Schwierigkeit erklärlich: Caesar (II 4) kennt schon vier linksrheinische, mit dem gemeinsamen Namen *Germani* bezeichnete Stämme, nämlich die *Condrusi, Eburones, Caerosi* und *Paemani,* außerdem (VI 32) die *Segni.* Den Stamm der Eburonen hat er in den Jahren 54/53 auszurotten versucht. Deren Wohngebiet wurde wohl bei der Neuordnung Galliens durch Kaiser Augustus großenteils dem erst jetzt zum erstenmal erwähnten Stamm der Tungrer zugewiesen. Dieser war nun der stärkste linksrheinische Germanenstamm, und sein Name wurde Sammelname auch für andere Germanenstämme dieser Gegend. Der Name Germanen hat links des Rheins große Geltung erlangt, ist dann (vor allem wohl durch die keltischen Nachbarn) auf alle in Aussehen, Sprache und Sitte übereinstimmenden Stämme rechts des Rheins ausgedehnt und schließlich auch von diesen auf sich selbst angewendet worden. Eine solche Namenserweiterung steht nicht allein da, z. B. wurde der Name des kleinen westbalkanischen Stammes der *Grai* oder *Graeci* bei den Römern zum Namen für alle hellenischen Völker, der Name des keltischen Stammes der *Volcae* bei den Deutschen zum Namen für die romanisierten Völker (germ. *Walhōz* ‹Welsche›) und der Stammesname der *Alamanni* bei den westlichen Nachbarn zum Volksnamen der Deutschen (frz. *Allemands*).

Offenbleiben muß trotz allen aufgewendeten Scharfsinns wegen der Mehrdeutigkeit der lateinischen Präpositionen *ab* und *ob* der Ausdruck *a victore ob metum*. Es könnte damit gemeint sein eine Namensübertragung a) n a c h dem Sieger a u s der Furcht (der Gallier) heraus, b) v o n seiten des Siegers a u s Furcht (vor Gegenmaßnahmen der Gallier), c) v o n seiten des Siegers, u m Furcht (bei den Galliern) zu erregen, oder d) bloß eine Namensübertragung, die v o m Sieger ausgeht w e g e n der Furchtvorstellung (die mit dem Germanennamen verbunden war). Fraglich bleibt auch, ob man nach einer Überlegung Leibnizens den Text in *a victo* ändern darf und damit zu einer Namensübertragung ‹von dem besiegten (Gallier) aus› kommt.

Fast unüberschaubar geworden sind die D e u t u n g e n des Namens *Germani* (urgerm. *Germanōz*). Sie reichen von dem Griechen Strabon (er meint: echte Kelten) über die ungenügenden Versuche der Renaissance (z. B. Althamers ‹Gar-Man› d. h. *totus vir*) bis zu den durch ganze Bücher begründeten Meinungen moderner Forscher. Wenn auch meistens Bedeutungen, wie ‹die Hohen, Erhabenen, Hervorragenden› gefunden werden, so kann es hier doch keine Sicherheit geben, weil wir nicht einmal wissen, ob das Wort germanisch, keltisch oder lateinisch ist und ob es mit einer Vorsilbe zusammengesetzt ist oder nicht. Im ganzen hat natürlich die berühmte Stelle nicht die Bedeutung einer Aussage des Tac. selbst; er hat hier nämlich keine eigenen Untersuchungen angestellt, sondern referiert die Angaben bestimmter (*quidam*) Gewährsleute.

d) Hercules und Odysseus

Die mythischen Angaben in Kap. 3 bringt Tac. wohl nur, damit alle landläufigen Theorien zur Sprache kommen, vor allem aber auch, damit er von den germanischen **Heldenliedern** und – in einer Einlage – von den Gesängen vor dem Kampf berichten kann. Er möchte die Hauptmotive seines Buches immer möglichst früh anschlagen, so hier das schließlich fast übertönte Motiv des germanischen Kampfgeistes. Schon bei den urgeschichtlichen Erörterungen ruht der Blick bereits auf den *mores*, den ‹Sitten›.

Ob man in den Liedern auf He r c u l e s solche auf einen germanischen Helden (man hat an Siegfried gedacht) erblicken darf, ist ungewiß. Vieles spricht dafür; denn wer in Rom eine fremde mythische Gestalt verständlich machen wollte, nannte meist nicht ihren ‹barbarischen› Namen, unter dem sich ein Römer nichts vorstellen konnte, sondern einen irgendwie ähnlichen römischen Gott oder Heros (vgl. Kap. 43). Wahrscheinlich ist aber gar keine Gleichsetzung beabsichtigt; über Hercules fabelte man nämlich so manches von einer Irrfahrt zu den Skythen, zu den Kelten, zu den Spaniern; warum also nicht auch von einer Irrfahrt zu den Germanen? Soll er doch der erste gewesen sein, der die Alpen überstieg. Oder ist mit Hercules nur irgendein Held mit übermenschlichen Kräften gemeint? Gleichviel, entscheidend ist, daß Tac. überhaupt germanische Lieder auf Heldengestalten kennt und nennt.

Auch das Wort *barditus*, eines der wenigen germanischen, die Tac. zitiert, ist nicht sicher zu erklären. Jedenfalls bedeutet es den ‹Vortrag› oder die ‹Vortragsart› (*relatus*) gewisser *carmina*. Ist damit nun ein Schlachtgesang gemeint oder nur ein Kampfruf oder gar ein zauberisch-magisches Besprechen des Schildes? Schon das in *barditus* steckende Grundwort ist unklar (denn ahd. *bart* ‹Bart› muß für die Deutung aus inneren Gründen, anord. *bord* ‹Schild› aus lautlichen, anord. *bardi* ‹Schild› aus zeitlichen, kelt. *bardus* ‹Liederdichter, Sänger› aus sprachlichen Gründen beiseite bleiben). Besteht ein Zusammenhang mit den lateinischen Fremdwörtern *barrus* ‹Elefant› und *barritus* ‹das Trompeten des Elefanten›? Deckt sich damit das im 4. Jh. mehrfach als germanisch bezeugte Wort *barritus* ‹Kampfgeschrei› (nach Ammianus 26, 7 ein *terrificus fremitus*, ein schreckliches Tosen)? Ist es ein *clamor*, der (nach Ammianus 16, 12) mit einem leichten Summen beginnend und anwachsend, sich erhebt wie der Anprall der Fluten an ein Riff? Ist es ein rhythmisch wiederholtes Rufen des eigenen Namens, wie es ähnlich Plutarch (Marius 19) von den Ambronen erzählt, oder mehr eine befeuernde Kampfparole? Bedeutet es einen Kampfruf, der sich wie ‹bar-bar› anhörte (vgl. βάϱ-βαϱος ‹unverständlich sprechender Ausländer› und lat. *mur-mur* ‹Geräusch›)? Ist vielleicht gar mit zwei Handschriften *baritus* zu lesen, woraus ein humanistischer Schreiber des 15. Jhs., der etwas von den keltischen Barden wußte, *barditus* gemacht hätte? Ist die Taciteische Darstellung des ganzen Vorganges nicht doch weniger Bericht als auf den gelehrten Poseidonios zurückgehende Ausdeutung in Richtung auf das Magisch-Prophetische hin? Leider können hier viel weniger Antworten gegeben als Fragen gestellt werden.

Ohne griechische Helden kam eine Ethnographie irgendeines Volkes von damals kaum aus; deswegen auch die Erwähnung des Odysseus (lat. *Ulixes*). Obwohl Tac. durch seine Worte deutlichmacht, daß er selbst nicht recht daran glauben könne, führt er seine Quellen doch ziemlich ausführlich vor; denn so will es die antike, von Lukian ausgesprochene Vorschrift für den Geschichtsschreiber: «Wenn einem ein Mythos einfällt, dann soll man ihn nennen, ihm aber nicht völlig vertrauen; man soll ihn offenlassen für die, die sich ein Urteil über ihn bilden wollen.» Weil anscheinend weite Kreise der Meinung waren, Odysseus sei in Germanien gewesen, lohnt sich eine kritische Betrachtung, wie diese Ansicht überhaupt zustande kommen konnte und was die moderne Forschung gefunden hat: Den Weg der Irrfahrten des Odysseus genau bestimmen zu können war der große Wunsch vieler antiker Homererklärer. Ein so kritischer Gelehrter wie der Geograph Eratosthenes meinte zwar, man werde erst dann herausbekommen, wo Odysseus umhergeirrt sei, wenn man den Sattler gefunden habe, der den Schlauch der Winde zusammengenäht habe. Andere weniger kritische Geister, wie Krates von Mallos, behaupteten, Odysseus sei sogar in den nördlichen Ozean gelangt, wofür die Ausbreitung des geographischen Horizonts das Verständnis bereitet hatte. Wahrscheinlich haben manche aus dem germanischen Ortsnamen Ascoburg(ium) oder Ascaburg(ium), der ‹Eschenberg› bedeutet, die griechischen Wörter ἀσϰός ‹Schlauch› und πύϱγος ‹Burgmauer› herausgehört, haben dann *Asciburgium* (der Laut *i* ist erst im Lateinischen analogisch gebildet) fälschlich als ‹Schlauchburg› etymologisiert und in diesem Ortsnamen einen Beweis für die Anwesenheit des Odysseus in Germanien gesehen. Jedenfalls konnte ein gebildeter Römer in Asciburgium die lateinische Form eines griechischen Namens vermuten und dabei sogar an die Koloniegründungen der Griechen in Westeuropa (z. B. in Massilia, heute Marseille) denken. Möglich wäre auch, daß auf einem in Asciburgium befindlichen Altar die Inschrift einer Gottheit (etwa kelt. *Uxellos*) stand, die fälschlich als Ulixes gelesen wurde und den Anstoß zur Legendenbildung gab. Der Ort Asciburgium (später Ascburg, Aschberg, heute Asberg bei Moers am Rhein gegenüber der Ruhrmündung) war gewiß nicht unbedeutend; denn auf dem bei Asberg liegenden Burgfeld ist ein Römerlager entdeckt worden (vgl. Tac. hist. IV 33). Die griechischen Inschriften, die Tac. im germanisch-rätischen Grenzgebiet erwähnt, waren wohl in Wirklichkeit nordetruskisch (Alphabet von Lugano und Sondrio?) und damit von echt griechischen nicht sehr verschieden, oder es handelt sich um keltische Inschriften, die tatsächlich mit griechischen Buchstaben geschrieben waren, deren Kenntnis etwa von Marseille aus rhoneaufwärts gewandert war (vgl. Caesar I 29 u. VI 14).

e) Das Erscheinungsbild der Germanen

Als letzten Beweis für die Ureinwohnerschaft führt Tac. das körperliche Erscheinungsbild auf. Gewiß konnte er selber darüber manches beobachten – Germanen dienten häufig in der Leibwache römischer Kaiser –, aus Erzählungen und Berichten römischer Kaufleute und Soldaten erfahren oder auch aus dem Schrifttum gewinnen. Daß er dabei aber nie kritiklos übernommen hat, sieht man schon aus seiner beiläufigen Korrektur der Angabe Caesars (VI 21) ‹schon von Kindheit auf suchen die Germanen Anstrengung und Abhärtung›. Erstaunlich ist nur, daß er diese seine eigenen Beobachtungen und Erkenntnisse mit vielen überlieferten und vorgeprägten Wendungen der antiken Ethnographie zu einer Einheit zusammenzuschmelzen und trotzdem noch die kennzeichnenden Merkmale (blaue Augen, blonde Haare, großer Wuchs) herauszuheben vermochte. Als vorgeprägt müssen insbesondere gelten die Ausdrücke *tantum sui similem gentem* und *tamquam in tanto hominum numero* sowie *truces et caerulei oculi, rutilae comae*; denn in einer unter dem Namen des Hippokrates laufenden Schrift lesen wir, der skythische Menschenschlag sei von den übrigen Menschen ganz verschieden und nur sich selbst gleich wie der ägyptische (auf den diese Formel zuerst angewendet wurde), und Herodot schreibt (IV 108) über die skythischen Budiner, sie seien ein großes, zahlreiches Volk, insgesamt ausgesprochen helläugig und rotblond. Man darf jedoch nicht sagen, Tac. habe diese ethnographischen Angaben plump einfach auf die Germanen übertragen – und dadurch entwertet. Er wußte vielmehr, daß der Autor einer völkerkundlichen Schrift solche Bezugnahmen zu bringen hatte, weil der Leser sie erwartete. Zudem zeigen die anthropologischen Ausgrabungsbefunde, daß die Germanen zur Zeit des Tac. hinsichtlich Wuchs, Körpergröße (Männer 172 cm, Frauen 160 cm) und Kopfform ziemlich einheitlich waren.

Im übrigen sind die erwähnten körperlichen Merkmale auch sonst öfters dargestellt (vgl. die Bilder der Mark-Aurel-Säule in Rom und des Siegesdenkmals in Adamklissi) und literarisch verwendet worden; Plutarch berichtet in seiner Biographie des Marius (26) über die Kimbern: «Im Bunde mit den Römern kämpfte (in der Schlacht bei Vercellae im Sommer 101 v. Chr.) die Hitze und die Sonne, die die Kimbern blendete. Da diese nur Kälte zu ertragen vermochten und in sonnenlosen, kühlen Ländern aufgewachsen waren, warf sie die Hitze um; sie keuchten, der Schweiß lief ihnen in Strömen vom Leib, und sie hielten sich die Schilde vors Gesicht.» Caesar (I 39) hat folgendes erlebt: «Infolge der Erkundigungen unserer Leute und durch die Redereien von Galliern und Händlern, die rühmten, daß die Germanen von ungeheurer Körpergröße, von unglaublicher Tapferkeit und Übung in den Waffen seien – oft, so sagten sie, seien sie mit ihnen zusammengetroffen und hätten nicht einmal ihren Blick und die Schärfe ihrer Augen ertragen können –, befiel plötzlich das ganze Heer eine solche Furcht, daß die Fassung und der Mut aller erheblich durcheinander gerieten.» Seneca schließlich sagt (De ira 11): «Was ist mutiger als Germanen? Was schneidiger im Angriff? Was begieriger auf Waffen? Darin werden sie geboren und erzogen, darauf geht ihre einzige Sorge, während sie auf anderes keinen Wert legen. Was ist stärker abgehärtet, alles auszuhalten? Besitzen sie doch großenteils gar keine Kleidung für ihren Leib, keine Zuflucht vor dem ewig kalten Klima... Gib ihren Leibern, ihren mutigen Herzen, die keine Genüsse, kein Wohlleben, keinen Reichtum kennen, Überlegung, gib ihnen Zucht, dann wird es, um nichts anderes zu sagen, für uns wahrlich nötig sein, wieder die echte Römersitte hervorzuholen.»

Die Erwähnung des Klimas in Kap. 4 leitet über zum neuen Thema *terra* ‹Land›. Tac. schildert es nicht ausführlich, sondern streift nur skizzenhaft Bodenform, Niederschläge, Pflanzen, Tierwelt und Bodenschätze; denn um diese Dinge, die natürlich in einer völkerkundlichen Schrift erwähnt werden müssen, geht es ihm nicht eigentlich: sein Interesse gilt dem Menschen, dem Volkstum, dem Lebensstil. Deshalb nimmt auch die Einstellung der Germanen zu den Edelmetallen und zum Geld so breiten Raum ein. Aus ihr nämlich läßt sich besonders deutlich ablesen, was er in seiner idealisierenden Schau leitmotivisch immer wieder herausstellt: die Einfachheit, Bedürfnislosigkeit und Urtümlichkeit der germanischen Daseinsart; karg und zur Einfachheit zwingend ist das Land, bedürfnislos der Mensch gegenüber Zivilisationsgütern, urtümlich und zweckbedingt der Handel und Geldverkehr.

Welche Klischeevorstellungen – zweifellos gebildet auch durch die Schwierigkeiten, die man militärisch mit den Germanen hatte – in Rom herrschten, zeigt eine Stelle bei Seneca (De providentia IV 14 f): «Ewiger Winter und trübes Wetter drückt sie (die Germanen und die Nomadenvölker an der unteren Donau), der unfruchtbare Boden nährt sie nur karg; den Regen wehren sie mit Stroh- oder Laubdächern ab, sie stapfen über zugefrorene Tümpel, zur Nahrung müssen sie Wild fangen... Sie haben keine festen Behausungen und Wohnsitze außer denen, die ihnen die Ermüdung eben für einen Tag bereitstellt; der Lebensunterhalt ist hier minderwertig und nur mit der Hände Arbeit zu erwerben, schaurig ist die Ungunst der Witterung, unbedeckt der Leib.» Es ist beachtenswert, wieviel genauer und feiner demgegenüber Tac. unterscheidet und charakterisiert. Freilich bleibt er gebunden an überlieferte ethnographische Schemata, z. B. daß der Norden voller Urwälder und Sümpfe sei (vgl. Strabon VII 292) und an alte Einteilungen, z. B. daß die Landwirtschaft sich in Ackerbau, Baumzucht und Viehhaltung gliedert (vgl. Vergils Georgica I–III); natürlich spricht und urteilt ein in heiterer Kulturlandschaft (*Saturnia tellus*) wohnender Südländer über die rauhe nördliche Naturlandschaft, aber das meiste ist doch richtig gesehen und beobachtet, z. B. daß dem regenreichen Westen der trockenere Osten gegenübersteht (Seeklima und Landklima).

Sicher gab es zur Zeit des Tac. noch viele ausgedehnte und schwer durchdringliche W ä l d e r, denn die großen Rodungen (vgl.

die Ortsnamen auf -schlag, -rode, -schwand) wurden erst im hohen Mittelalter durchgeführt. Tac. selbst nennt (Kap. 28 u. 30) den Hercynia-Wald (Deutsches Mittelgebirge), den Abnoba-Wald (Schwarzwald), den Taunus (lat. *Taunus*) und den Teutoburger Wald (lat. *Teutoburgiensis saltus*); aus griechischen Quellen sind u. a. bekannt: die Rauhe Alb (Ἀλπεῖα ὄρη), der Harz Μηλιβόκον ὄρος), der Thüringer Wald (Σημανὰ ὕλη), das Erzgebirge (Σούδητα ὄρη), das Riesengebirge (Οὐανδαλικὰ ὄρη) und der Böhmerwald (Γαβρήτα ὕλη). Die wichtigsten, natürlich in den einzelnen Gebieten mehr oder weniger häufigen Waldbäume waren: Buche, Birke, Eiche, Erle, Esche, Espe, Linde, Ulme, Weide und Föhre, Fichte, Tanne, Eibe, Wacholder (ahd. *buocha, birka, eih, elira* oder *erila, ask, aspa, linta, elmo wīda* und *forha, fiohta, tanna, iwa, wechalter*). Waldbewohner allerdings waren die Germanen nicht (vgl. Kap. 16); denn die ausgedehnten waldfreien Lößgebiete Süddeutschlands und großer Teile Norddeutschlands waren damals längst bewohnt und für den Anbau genutzt. Man siedelte wohl gern am Waldrand, aber nicht im Wald; Menschenland und Wald sind ‹getrennte Welten›, im Märchen klingt das noch nach. Durch viele Wälder und oft sogar durch Moore und Sümpfe, unter denen der Römer wohl die damals noch zahlreichen Altwassergebiete verstand, führten bereits gebahnte Wege (vgl. Caesar VI 25 und Tac. ann. I 63).

Die wichtigsten Getreidesorten, Gemüsearten und Faserpflanzen sind den Germanen seit vorgeschichtlicher Zeit bekannt: Gerste, Hafer, Roggen, Weizen (vgl. Kap. 23), Hirse, Spelz; Erbse, Bohne, Linse, Möhre, Rübe; Flachs, Hanf (ahd. *gersta, habaro, rocko, hweizzi, hirso, spelta; araweiz, bōna, linsi, moraha, ruoba; flahs* oder *haro, hanaf*). Gartenbau und veredelnde Obstzucht freilich schloß sich an römische Erfahrungen an (denn mit den in Kap. 23 genannten *agrestia poma* meint Tac. wohl wilde Fruchtbäume wie Hasel, Eiche, Buche). Man sieht aus dem deutschen Lehnwortgut, daß erst im Lauf der späteren Zeit verschiedene Arten stärker kultiviert oder von den Römern nach Germanien gebracht wurden, z. B. Lattich (lat. *lactuca*), Kohl (lat. *caulis*), Rettich (lat. *radix*), Birne (lat. *pirum*), Pflaume (lat. *prunum*), Pfirsich (lat. *malum Persicum*), Kastanie (lat. *castinea*), Walnuß (lat. *nux Gallica* ‹Welsch-Nuß›); die Weinrebe (lat. *vinum*) soll angeblich erst kurz vor 300 n. Chr. am Rhein und an der Mosel eingeführt worden sein und damit auch Wörter wie Winzer, Kelter, Presse, Kufe, Spund, Trichter, Most, Essig.

Tiere erwähnt Tac. auffallend selten, das ungezähmte Getier in Wald, Feld, Wasser und Luft überhaupt nicht. Für ihn ist leitmotivisch wichtig nur die Unansehnlichkeit der Rinder; es sind kleinhörnige oder hornlose Rassen, wie heute noch in weiten Gebieten des hohen Nordens (ähnliches berichtet Herodot IV 29 über die Rinder der Skythen). Sicher züchteten die Germanen neben dem ältesten Haustier, dem Hund, schon Rind, Pferd, Schaf, Ziege, Schwein und Geflügel, besonders Gänse (Plinius X 53). Vieh war überaus begehrt (vgl. Caesar VI 35), war geradezu Wertmesser und Geld (ahd. *fehu*, *fíhu*, Vieh, Vermögen, Geld).

Assoziativ die Gedanken weiterführend, ist Tac. nun beim Edelmetall und Geld. Bezeichnend für ihn ist, daß er mit einem bei Dichtern (z. B. Lucrez, Vergil, Horaz, Ovid) häufigen Topos beginnt: Gold ist Fluch, kein Segen für die Menschen. Ist es nicht ein Vorzug der germanischen Menschen, daß sie keine Gold- und Silberadern abbauen? In den später erschienenen Annalen (XI 20) dagegen erwähnt Tac., vielleicht auf Grund neugewonnener Kenntnis, daß der römische Legat von Obergermanien im Jahre 47 n. Chr. im Gebiet der Mattiaker (wohl an der unteren Lahn) Gruben für Silbergewinnung erschlossen hat, die jedoch nur karge Ausbeute brachten und bald wieder aufgegeben wurden. So gering, wie Tac. mit seiner These von der Bedürfnislosigkeit des Naturvolks glaubt, war allerdings die Einschätzung von Gold und Silber (germ. *gultha* und *silubra*) bei den Germanen nicht. Kunstgegenstände und Grabbeigaben schon seit vorgeschichtlicher Zeit zeigen, welchen Wert man diesen Edelmetallen beimaß, und in der Völkerwanderungszeit war die Gier nach Gold und Silber sehr groß; die Heldendichtung redet hier eine deutliche Sprache.

Auch das, was Tac. über Handel und Geld bei den Germanen berichtet, ist wieder ganz von der bedürfnislosen Einfachheit der Germanen her gesehen: im Landesinnern, d. h. im weitaus größten Gebiet, herrschte noch der primitive Tauschhandel; die Grenznachbarn verwendeten römisches Silbergeld nur deshalb, weil davon eine größere Menge als Gold- und Kupferstücke umlief (wie die besonders im Wesergebiet häufigen Münzfunde beweisen) und weil sich damit praktisch handeln ließ. Übrigens macht Tac., wahrscheinlich ungewollt, der sachlichen Barbarenschläue ein kleines Kompliment mit seiner Angabe, daß dem Germanen ‹die Stücke mit gezähntem Rand und die mit dem Bild eines Zweigespanns› am meisten zusagten. Es waren das nämlich reine Silberdenare aus der guten alten republikanischen Zeit, geprägt etwa in den Jahren 126–53 v. Chr., die einen hohen Edelmetallgehalt aufwiesen und immer noch galten. Die Münzen mit Kaiserbildnissen dagegen waren viel schlechter; hatten doch verschiedene Kaiser, besonders Nero im Jahre 63, Gewicht und Feingehalt ihrer Münzen spürbar herabgesetzt.

Den Angaben des Tac. läßt sich entnehmen, daß an der nicht sehr streng abschließenden Grenze (vgl. Kap. 41) verhältnismäßig lebhafter Handel herrschte. Die Bodenfunde zeigen, daß tatsächlich zur Zeit des Tac. ein besonders kräftiger Import römischer Waren einsetzte und bis in das frühe 4. Jh. anhielt. Vor allem wurden aus römischer Fabrikation eingeführt: Terra sigillata (Keramikgeschirr mit Bildern), Bronzegefäße, Kleinmetallgegenstände, Glaswaren, Textilien, Wein und Genußmittel. Die Germanen lieferten hauptsächlich Felle (vgl. Kap. 17), Tiere, Fleisch, Bernstein und blondes Frauenhaar. Auch die deutsche Sprache bietet einen schönen Beweis für den Handel mit den Römern: das einheimische Wort *bugjan* ‹kaufen› wird ersetzt durch das lat. *cauponari* ‹feilbieten, schachern› (got. *kaupōn*, ahd. *couffen*). Bei den Handelsbeziehungen hat man zu unterscheiden zwischen dem schmalen Streifen des Nahhandels längs der Rhein-, Limesund Donaugrenze und einer Zone des Fernhandels entlang den Wasserstraßen und alten Fernverkehrswegen. Lehrreich ist ein Vergleich der Nachrichten Caesars (IV 2 sowie VI 22 und 35) mit den hundertfünfzig Jahre späteren des Tacitus. Man ersieht daraus schon die Zeichen des Übergangs: während zur Zeit Caesars der Handel mit den Römern nur ganz gering war und römisches Geld in Germanien noch keinen Eingang gefunden hatte, herrscht jetzt reger Handel, und römische Zahlungsmittel sind wohlbekannt.

6. Waffen und Kampfesweise

Ferrum ‹Eisen›, das einleitende Wort dieses Abschnittes, setzt das eben behandelte Thema ‹Bodenschätze› nur äußerlich und scheinbar fort. Denn wie Tac. vorhin (in Kap. 5) von der Erwähnung der Edelmetalle Gold und Silber sofort weitergeschritten ist zur Einstellung der Menschen ihnen gegenüber, so kommt er hier vom Eisen sofort zur Anwendung im Kampf (vgl. auch Kap. 3). Der Aufbau dieses Abschnittes ist zwar ziemlich verschlungen, aber doch inhaltlich klar umgrenzt; er bespricht a) die W a f f e n und Ausrüstung, b) die Gliederung der K a m p f v e r b ä n d e, c) die

Kampfesweise und Kampfmoral. Innerhalb der Gesamtdar-
stellung tritt Tac. damit ein in die Schilderung der *mores* (Sitten
und Gebräuche) im öffentlichen und privaten Leben überhaupt.

Eisen (kelt. *isarno-*, got. *eisarn*, ahd. *ísarn*) wurde damals im
Tagbau gewonnen; obwohl man es schon zu härten verstand,
wurde es nach römischen Begriffen nur spärlich für Waffen verwendet. Überhaupt ist bei der Taciteischen Schilderung der germanischen Waffen, die vor allem für die Rheingermanen gilt,
immer der Vergleich mit den römischen einzubeziehen. Tac.
schreibt ja für Römer und stellt deshalb diejenigen Dinge besonders heraus, die für Römer wichtig waren: man fürchtet die germanischen Angriffswaffen, von den übrigen hält man nicht viel.
Bezeichnend ist auch, wie geringschätzig Tac. (ann. II 14) den
römischen Feldherrn Germanicus aus der Situation vor der Schlacht
bei Idistaviso im Jahre 16 n. Chr. heraus zu seinen Soldaten über
germanische Waffen und Kampfesweise sprechen läßt: «Nicht bloß
das offene Feld ist für den römischen Soldaten ein guter Kampf-
platz, sondern auch Wälder und Höhenzüge sind es, wenn man
taktisch richtig vorgeht. Denn die riesigen Schilde der Barbaren,
ihre überlangen Lanzen lassen sich zwischen den Baumstämmen
und dem aus dem Boden wachsenden Gestrüpp durchaus nicht so
handhaben wie unsere Speere, Kurzschwerter und gutsitzenden
Rüstungen. Deckt sie nur mit Hieben ein und zielt mit der
Schwertspitze nach dem Gesicht! Der Germane hat keinen Panzer,
keinen Helm; nicht einmal ihre Schilde sind mit Eisen oder Leder verstärkt, sondern sind nur Rutengeflechte oder dünne, mit
einem Farbanstrich versehene Bretter. Allenfalls ist die vorderste
Reihe mit Lanzen bewaffnet, die anderen aber haben nur an der
Spitze gehärtete oder kurze Wurfwaffen (nämlich die *frameae*).
Ihre Gestalten sind zwar gräßlich anzusehen, sie sind auch tüchtig
bei einem raschen Angriff, vermögen aber keine Verwundung
auszuhalten; ohne Scham- oder Ehrgefühl, ohne Rücksicht auf
ihre Häuptlinge laufen sie weg und davon; wenn sich das Glück
gegen sie wendet, sind sie furchtsam, wenn es ihnen günstig ist,
achten sie kein göttliches und kein menschliches Recht. Sofern ihr
das Marschieren und Seefahren satt habt und ein Ende wollt:
diese Schlacht wird es bringen...»

Reichere Waffenfunde aus der Zeit um 100 n. Chr. konnten vor
allem im Gebiet der unteren Elbe, in Dänemark und in Schlesien
gemacht werden. In den Funden aus der Rheingegend, jedenfalls
in der Grabausstattung, treten tatsächlich – Tac. sieht hier also

ganz richtig – Eisenschwerter und lange Stoßlanzen mit breiter Eisenspitze (ähnlich dem gallischen *gaesum*) hinter den sog. Framen zurück. Die F r a m e war zur Zeit des Tac. die gefürchtete Hauptwaffe der Germanen (germ. **framjō-*, vgl. mhd. *fram-schuz* ‹Schuß aus der Ferne›). Sie bestand aus einem Schaft aus Eschenholz, über dessen Länge keine genauere Angabe vorliegt, den man sich aber aufgrund verschiedener Kampfschilderungen verhältnismäßig lang vorstellen muß, und einer schmalen, kurzen Eisenspitze, die Tac. aus guter Sachkenntnis treffend beschreibt, wie die zahlreichen Funde ausweisen, und siebenmal in der Germania erwähnt. Sie diente vor allem als Stichwaffe für den Nah- und Fernkampf (im Gegensatz zum römischen *pilum*, das nur als Fernwaffe taugte) und scheint gegen die durch ihre Panzer geschützten und wenig Blöße bietenden Römer besonders geeignet gewesen zu sein. Unter den angeführten *missilia* sind wohl Wurfkeulen oder leichte Wurfspeere zu verstehen (bekannt auch unter der Bezeichnung *clavae* und *cateiae*); einmal (hist. V 17) bezeichnet Tac. sogar Steine und Schleuderkugeln als *missilia*. Bogen und Pfeile sind nicht erwähnt, weil sie damals als Jagdwaffen, nicht als Kriegswaffen gebraucht wurden.

Der S c h i l d war bei den Westgermanen (im Gegensatz zum halbzylinderförmigen des römischen Legionärs) damals auffallend dünnwandig, flach und von eckiger oder ovaler Form, bei den Ostgermanen rund (vgl. Kap. 43); er war aus Flechtwerk oder aus Eschen-, Linden-, Erlen- oder Ahornbrettern gefertigt, manchmal mit Leder überzogen, mit einem Bronze- oder Eisenrand eingefaßt und häufig mit einem scharfen Schildbuckel zum Zustoßen versehen. Die Sitte, den Schild zu bemalen, ist wohl alt (vgl. unser Wort ‹schildern›); die Kimbern trugen (nach Plutarch, Marius 25) weiße, die Harier (nach Kap. 43) schwarze Schilde. Funde von Schildresten sind übrigens recht häufig; wahrscheinlich war der Schild das Waffenstück, das man mit dem Toten verbrannte und dessen Metallrückstand man dann ins Grab legte.

K e t t e n p a n z e r (ahd. *hring*) und H e l m e (ahd. *helm*) gab es nur ganz spärlich; erst in der Völkerwanderungszeit werden sie häufiger gebraucht. Der Germane kämpfte nämlich ‹nackt›. Wollte man durch den abgelegten Mantel, den auch der arme Mann sonst trug, seine Furchtlosigkeit zeigen? Wollte man im Kampf, der meist zur Sommerzeit ausgefochten wurde, leichter beweglich sein? Hatte die Nacktheit im Kampf kultischen Sinn? Zu bezweifeln ist sie jedenfalls nicht, sie ist literarisch mehrfach bezeugt (z. B. auch

Tac. hist. II 22) und auf vielen rheinischen Reitergrabsteinen des 1. Jhs. getreulich und anschaulich dargestellt; die Germanen kämpfen da entweder völlig nackt oder nur mit einem leichten Umhang bedeckt, selten tragen sie Hosen (vgl. auch die Bilder der Trajans- und Marc-Aurel-Säule). Aber daß der Germane in seiner Einfachheit mit seiner Ausrüstung nicht ‹geprunkt› habe, ist nur richtig im Vergleich mit dem Waffengepränge bei den Römern und Galliern (vgl. Kap. 15).

Das germanische Heer wurde, wie mehrfach bezeugt (Tac. hist. IV 16 u. 20; V 16) in Keilen aufgestellt; die verschiedenen nach Sippen gegliederten Keile (vgl. Kap. 7) standen dabei als geschlossener Haufen nebeneinander in gleicher Front. Der Kampfkeil war für das germanische Heer gewiß die geeignetste Formation: er band die Kämpfer eng aneinander, entfaltete große Durchbruchskraft und brauchte im Frieden kaum geübt zu werden. (Auch der Römer kämpfte mindestens seit dem 2. Jh. v. Chr. gelegentlich im Keil; das römische *caput porcinum* bei dem Militärschriftsteller Vegetius III 19 und das *caput porci* bei Ammianus XVII 13 decken sich mit dem aus der nordischen Überlieferung bekannten *svinfylking*.) Weil in der Keilformation die Sippenglieder beisammen standen, ist es selbstverständlich, daß man die Gefallenen und natürlich auch die Verwundeten aus dem Gefecht zurückholte. Ebenso selbstverständlich ist es, daß einer, der diese Formation verlassen und, um ungehindert fliehen zu können, seinen Schild weggeworfen hatte, mit dem Ausschluß vom göttlichen und menschlichen Recht (jedoch nicht mit der Friedlosigkeit) büßte.

Die vorherrschende Truppengattung der Germanen war bis zur Völkerwanderung sicher das Fußvolk (ahd. *fandio* ‹Kämpfer zu Fuß›), nur für wenige Stämme ist eine überlegene Reiterei bezeugt. Auffallend und bei den Römern nicht üblich waren aber die gemischten Verbände aus Fußvolk und Reiterei. Sie sind bereits von Caesar (I 48) als germanische Eigentümlichkeit beschrieben: «Ariovist lieferte (damals im Jahre 58 v. Chr. vor der Schlacht bei Mühlhausen) täglich Reitergefechte. Dies war die Kampfart, in der die Germanen geübt waren: 6000 Reiter hatten sich ebensoviele besonders schnelle und tapfere Kämpfer zu Fuß aus der ganzen Truppenmasse – jeder seinen Mann zu seiner eigenen Sicherung – ausgesucht. Mit diesen waren die Reiter in den Gefechten zusammen; zu ihnen zogen sie sich zurück; sie eilten herbei, wenn es einmal härter herging; sie stellten sich schützend um einen Reiter, wenn er schwer verwundet vom Pferd gestürzt war. Falls man einen größeren Vorstoß oder einen rascheren Rückzug machen mußte, war ihre durch Übung erworbene Schnelligkeit so groß, daß sie, sich an der Mähne hochziehend, mit dem Lauf des Pferdes Schritt halten konnten». Tac. schließt sich mit seiner Schilderung an Caesar an, bringt aber zusätzlich eindeutige Zahlenangaben: hundert aus jedem einzelnen Gau. Eine solche ‹Hundertschaft› war wohl der von etwa 100 oder 120 (Großhundert) benachbarten Sippen eines mehr oder weniger großen Gaugebietes gestellte Truppenverband, vielleicht sogar männerbündischen Gepräges. Gewiß standen diese gemischten Reiterverbände meistens an den Flügeln, in bestimmten Fällen aber zur wirksamen Eröffnung des Kampfes auch vor der eigentlichen Heeresmasse. Ihre Kampfesweise ist zuletzt für die Alamannenschlacht bei Straßburg 357 n. Chr. bezeugt (Ammianus XVI 12).

In der Beurteilung der germanischen R e i t e r e i bleibt Tac. in den üblichen Anschauungen der Römer befangen. Im allgemeinen traut er den P f e r d e n der Germanen nur wenig zu, rühmt aber (Kap. 32) die Reiterei der Tenkterer. Auch Caesar nennt (IV 2) die germanischen Pferde ‹klein und unschön›, stellt aber doch germanische Reiter in sein Heer ein und muß einmal (IV 12) zugeben, daß ganze 800 Reiter der Usipeter und Tenkterer 5000 auf seiner Seite kämpfende gallische Reiter in die Flucht geschlagen haben. Bald nach 400 n. Chr. wird bereits die Pferdezucht der Thüringer, Burgunder und Friesen von dem sachkundigen Römer Vegetius (IV 6) gelobt. Interessant ist in diesem Zusammenhang, daß die alten Worte für Pferd (ahd. *ehu, hros, marah, hengist*) im Mittelalter durch eine hybride Bildung (ahd. *pfarifrid* aus lat. *paraverēdus* ‹Nebenpostpferd› aus gr. παρά ‹bei› sowie kelt. *ve* ‹bei› und *raeda* ‹vierrädriger Reisewagen›) zurückgedrängt wurden.

Größte Schwierigkeit macht die Erklärung der Stelle über die D r e s s u r d e r P f e r d e : ‹man richtet sie nicht ab, verschiedene Kreisbewegungen auszuführen; man lenkt sie geradeaus oder mit einer einzigen Schwenkung nach rechts in so geschlossenem Bogen, daß niemand nachhängt›. Sicher möchte Tac. sagen: Die germanische Pferdedressur steht nicht auf der Höhe der römischen, denn die Schulung durch das Voltenreiten nach rechts und links (man wollte im Text sogar *dex⟨tros vel sinis⟩tros* ergänzen!) betreiben die Germanen nicht. Warum aber nur das Geradeausreiten, warum nur die Bewegung nach rechts? Ist gar zu übersetzen: ‹sie treiben die rechten Pferde an› (um in einer Linksschwenkung auf die rechte, vom Schild ungedeckte Seite des Feindes zu kommen und dort anzugreifen)? Meint *coniuncto orbe* einen ‹geschlossenen Kreisbogen› (wobei das Ringelreiten im geschlossenen Kreis ein Zeichen von Einfachheit wäre) oder ein ‹Schwenken mit ausgerichteter Front› (wobei der Radius der schwenkenden Linie nicht einknicken durfte)? Vielleicht ist zur Erklärung die im J. 136 n. Chr. geschriebene ‹Taktik› Arrians beizuziehen, in der steht, daß der Reiter auf den Feind losritt, dann aber vor ihm rechtsherum abbog und, vom Schild gedeckt, den Speer schleuderte, daß er dann wieder im Kreis herumritt und den nächsten Speer warf. Diese kunstgerechte Form brauchte der Germane aber – darin liegt eben die größere Einfachheit – nicht zu üben; denn er führt, wie der sachkundige Tac. ja auch angibt, nur einen einzigen Speer. Für den Angriff genügte also das Anreiten geradeaus und, wenn er nicht glückte, das Abreiten nach rechts (mit Deckung durch den Schild in der Linken).

7–8. Kräfte und Mächte beim Kampf

Die eng miteinander verbundenen (und vom ersten Germaniakommentator Althamer noch nicht getrennten) Kap. 7 u. 8 sind ein kennzeichnendes Beispiel für die assoziative Darstellungstechnik des Autors; denn nun wird, gereiht an den Bericht über den Kampfgeist der Germanen und über das Schicksal Feiger, das Thema der *incitamenta fortitudinis* (Anspornungen zur Tapferkeit) entfaltet: Im Gegensatz zur Haltung des römischen Legionärs, der sich in *disciplina* dem *imperium* des Befehlshabers unterzuordnen hat, sind bei den Germanen r e l i g i ö s e K r ä f t e und m e n s c h l i c h e B i n d u n g e n entscheidend. Damit sich aber beim römischen Leser keine Fehlvorstellungen einschleichen, werden von Tac. auch verschiedene andere Dinge, die am Weg der Schilderung liegen, gestreift und kurz erklärt. Weil der Römer z. B. beim Wort *reges,* die neben den Heerführern erwähnt werden mußten, an unbeschränkt herrschende Könige denkt, zeigt Tac. sofort die Begrenzung ihrer Macht durch Priester. Dieser Begriff leitet ihn weiter zu den hilfreichen Göttern, und die durch Götterbilder symbolisierte Anwesenheit der Götter im Kampf deutet er wiederum als *incitamentum fortitudinis;* dann kommt er zur stärksten Macht: zur Rolle der Frau im Krieg.

Reges ex nobilitate sumunt ‹ihre K ö n i g e nehmen sie aufgrund edler Abkunft› beschreibt einen Sachverhalt, den sogar die

Etymologie bestätigen kann; das erschließbare germanische Wort *kuningaz (ahd. *cuning, chuninc*) bedeutet ‹Ältester, Erster, Angehöriger eines angesehenen Geschlechts›. Der germanische König ist, was Tac. natürlich nicht genau wissen kann, zuerst Sakralkönig (und erst später Gefolgschaftskönig und Heerkönig). Er führt seine Abstammung meist auf die mythische Vorzeit zurück, er besitzt als angeborene Eigenschaft ‹Heil›, er verleiht seinem Volk und Land Fruchtbarkeit, Sieg und Wohlfahrt. Wenn ein Stamm (wie z. B. die Chatten) keinen König hatte, wird vor einer kriegerischen Unternehmung oft ein Heerführer (lat. *dux*, ahd. *herizogo*), der natürlich auch einer adeligen Sippe angehört, durch Schilderhebung gewählt, und zwar aufgrund seiner erprobten Siegeskraft. Beispiele der Tapferkeit, die man von einem solchen Heerführer erwartete, sind aus der Antike (z. B. Tac. ann. I 65 u. II 17; Ammianus XVI 12 über den Alamannenfürsten Chnodomar) und aus der Heldensage zahlreich überliefert.

Auffallend deutlich hat Tac. die religiösen Momente im germanischen Kampf erspürt. Das Heer eines Stammes wurde nämlich gleichsam auf Geheiß einer G o t t h e i t aufgeboten (vgl. das Wort ‹Bann› in ‹Heerbann›, das der sakralen Welt angehört). Als Sammelplatz diente oft ein geheiligter Hain (vgl. Tac. ann. II 12), aus dem man Bilder geweihter Tiere (z. B. Schlange oder Wolf des Wodan, Widder des Ziu, Bär oder Bock des Donar) sowie Götterattribute (z. B. Speer des Wodan, Schwert des Ziu, Hammer des Donar) im Heereszug mitführte. Beutestücke des Kampfes, vor allem feindliche Gefangene, wurden gern der Gottheit geopfert, für die man wohl auch zu kämpfen glaubte (vgl. Tac. ann. XIII 57). Im Heere herrscht unter den Kämpfern eine Rechtsordnung: der Heeresfriede; er wird vom P r i e s t e r – einen eigenen Priesterstand gibt es freilich nicht – verkündet und gewahrt (ahd. *ēwarto* ‹Priester› ist gebildet aus *ēwa* ‹ewige Ordnung, Rechtsordnung› und *warten* ‹beobachten, wahren›). Deshalb hat nur der Priester als Wahrer der gottgewollten Ordnung im Heer das Recht zum Strafvollzug, nicht auch der Heerführer (wie in Rom); er handelt im Auftrag des Gottes, vor allem des kriegerischen Ziu, und sichert damit den Strafvollzug gegen Racheakte der betroffenen Sippe. Caesar schreibt VI 23 den germanischen Heerführern die Strafgewalt über Leben und Tod ausdrücklich zu. Der gewiß nur scheinbare Widerspruch gegen Tac. löst sich dadurch, daß Caesar seine Beobachtungen nur bei den Sueben machte, die als kriegerisches Wandervolk vielleicht ein strengeres Recht kannten, oder dadurch, daß der Priester die Strafe ja nur vollzog, während sie der Heerführer wohl anordnen durfte; im übrigen mildert Tac. seine Angabe durch *quasi* und *velut* ‹gleichsam› ab.

Überaus befremdet waren die Römer über die Anwesenheit von F r a u e n und K i n d e r n bei germanischen Heereszügen, was sie zum erstenmal in ihren Kämpfen gegen die Kimbern und Teutonen hatten beobachten können. Eine Beteiligung der Frau am Kampfgeschehen selbst scheint aber nur selten und nur in verzweifelter Lage vorgekommen zu sein. «Der Kampf mit den Frauen war dann ebenso heftig wie mit den Männern selbst; denn sie hatten überall ihre Last- und Gepäckwagen entgegengestellt und kämpften nun von hoch oben herab mit Äxten und Stangen» (Florus I 38 über die Frauen der Kimbern). «Die Germanen umstellten ihren ganzen Kampfverband hinten mit ihren Wagen und Karren, damit keine Hoffnung auf Flucht blieb. Auf die Wagen brachten sie ihre Frauen, die ihre in den Kampf ziehenden Männer mit ausgebreiteten Händen und unter Tränen anflehten, sie nicht der römischen Sklaverei preiszugeben» (Caesar I 51 über die Leute Ariovists). Daß unerschrockene Frauen tatsächlich geschätzt wurden, ergibt sich aus der Beliebtheit germanischer Frauennamen, die mit Wörtern für Krieg und Waffen (ahd. *gund-, hiltia, wig; gēr, grim, linta*) zusammengesetzt sind. Doch sind die germanischen Frauen in der Regel auf die Kriegs- und Raubzüge ebensowenig mitgenommen worden wie die Frauen römischer Soldaten. Wer hätte sonst die Wirtschaft und das Vieh besorgen sollen? Vielmehr war es üblich, die Frauen aus einem Gebiet, in das der Feind eingefallen war, herauszuholen und in Wäldern und auf Fliehburgen in Sicherheit zu bringen (vgl. Caesar IV 19). Wie kommt da Tac. zu seiner Verallgemeinerung? Nun, die Teilnahme von Frauen in der Schlacht wurde von den Römern seit der Begegnung mit den Kimbern als Kennzeichen ‹barbarischer› Kampfesweise angesehen und in den Rhetorenschulen geradezu als typisches Motiv weitervererbt, auch als man auf keine wandernden Kriegervölker mehr traf; nur deutet man es jetzt, wie auch Tac., psychologisch und ethisch. Im übrigen ist der Abschnitt auf Wirkung berechnet.

Sehr schwierig zu erklären ist der Ausdruck *obiectu pectorum*. Wollen die Frauen ‹durch das Entgegenhalten der Brüste› ihre Männer um den Tod bitten, damit ihnen eine Gefangenschaft erspart bleibt? Wollen sie dadurch die Männer an ihre Ehegemeinschaft gemahnen, die bei einer Niederlage schmachvoll enden müßte? Wollen sie den Männern nur wieder Mut machen, den Kampf fortzusetzen? Hat die Entblößung der Brust vielleicht sogar einen magisch-apotropäischen Sinn (wie auch der *barditus* in Kap. 3 magisch wirken kann)? Oder liegt gar nur das literarische Motiv der Verzweiflung vor, das der römische Leser vom Theater her kennen konnte (wie z. B. aufgelöstes Haar und zerrissene Kleidung)?

Berühmt und bestaunt waren in der Antike die angeblichen W e i s s a g e k r ä f t e germanischer Frauen. Es gibt mehrere Texte darüber (wie z. B. den makabren bei Strabon VII 294). Besonders aufschlußreich ist das, was Caesar (I 50) erlebte: «Als er germanische Gefangene fragte, warum Ariovist einer Entscheidungsschlacht ausweiche, erfuhr er als Grund, daß nach einem Brauch der Germanen ihre Frauen mittels Losstäbchen und Weissagungen kundtäten, ob es günstig sei, die Schlacht zu beginnen oder nicht; und ihr Spruch laute so: Eine höhere Macht verwehre den Germanen den Sieg, wenn sie vor Neumond die Schlacht lieferten.» Einige solche seherische Frauen kennen wir sogar namentlich, so eine Ganna, so die berühmte Veleda, die als Gefangene in Rom endete. «Diese Frau aus dem Stamm der Brukterer hatte weitreichende Macht... Ihr Ansehen wuchs, denn sie hatte den Germanen glücklichen Erfolg und die Vernichtung der Legionen vorausgesagt... Sie anzublicken war nicht gestattet, damit ihre Verehrung noch größer sei. Sie selbst lebte auf einem hohen Turm; einer ihrer Verwandten, den sie ausgewählt hatte, überbrachte Anfragen und Antworten wie ein Bote des göttlichen Willens» (Tac. hist. IV 61 u. 65). An die Weissagekraft germanischer Frauen glaubten auch Römer, so z. B. Kaiser Vitellius an die einer Chattin, ‹auf deren Aussprüche er wie auf ein Orakel baute› (Sueton, Vit. 14). Ja, eine semnonische Seherin Waluburg wirkte sogar in Ägypten, wie ein dort gefundenes Ostrakon des 2. Jhs. n. Chr. mit der Aufschrift Βαλουβουργ Σήνονι σιβύλλᾳ zeigt.

Mit der Schlußbemerkung ‹ohne sie gleichsam zu Göttinnen zu machen› führt Tac. noch einen Hieb gegen Auswüchse des Caesarenwahns. Hatte doch Domitian seine geschiedene Frau, als er sie wieder heiratete, ‹auf seinen Göttersitz› erhoben.

9. Verehrung der Götter

In Kap. 9 ist der assoziative Gedankenübergang wieder besonders deutlich: von der fast religiösen Achtung germanischer Seherinnen führt Tac. den Leser weiter zu den Formen der Götter-verehrung.

Die frühesten Angaben über die germanische Religion findet man bei Caesar (VI 21). Er kennt bei den Germanen lediglich die Ver-ehrung von Naturkräften, Tac. dagegen die von persönlich ge-dachten Göttergestalten. Woher der Unterschied? Nun, Caesar sieht die germanische Religion nur vor der Folie der gallischen, er weiß noch nichts Genaues und urteilt zu oberflächlich, indem er einfach ein Denkschema antiker Ethnographie übernimmt, das da lautet: Völker auf niedriger Kulturstufe verehren nur Naturkräfte und sind noch nicht zur Vorstellung persönlicher Götter vorgedrun-gen. Tac. aber weiß hier viel mehr; er nennt bereits vier Götter natürlich mit ihren lateinischen Namen – an anderen Stellen nennt er noch weitere – und spricht von einem abgestuften Opfer-wesen und von eigentümlichen Weihestätten. Dabei ist jedoch auch er in einen seit der Sophistik üblichen Topos der Ethno-graphie hineingeraten, der besagt, daß primitive Völker keine Göttertempel und keine Götterbilder haben (vgl. Herodot I 131, Apostelgeschichte 17,24 f. und bes. Tac. hist. V 5), ja, er gerät sogar in einen gewissen Gegensatz zu eigenen Angaben (Kap. 7 und 40 sowie ann. I 51 über den Tempel der Tamfana). Das ist aber leicht erklärlich: Ein Römer, der die Hunderte von prächtigen, kostbar ausgestatteten Tempeln und die Tausende von Götter-bildern und Weihestatuen gesehen hatte, mußte in Germanien den Eindruck bekommen, daß hier all das fehle. Und tatsächlich verehrte der Germane seine Götter nicht in stattlichen Steinbau-werken, sondern an heiligen Plätzen, die in der freien Natur in Wäldern oder auf Bergen lagen und lediglich durch einen Stab- und Flechtwerkzaun oder eine Steinsetzung eingehegt waren. Gewiß stellte er sich die Götter auch menschengestaltig vor; doch lebte er, wie seine Dichtung zeigt, darüber hinaus sehr stark im Bannkreis überweltlicher Mächte, die er sich nicht persönlich denken und kaum in sichtbare plastische Form zwingen konnte. Man darf auch nicht vergessen, daß Tac. die Germanen in seiner Schilderung zu heben sucht und bei ihnen häufig eine geradezu altrömische Einfachheit wiederfindet, auch in der Religion; hatte doch der römische Gelehrte Varro (im 1. Jh. v. Chr.) klar genug ausgesprochen, daß die Römer mehr als 170 Jahre lang die Götter ohne Bilder verehrten, und hinzugefügt: «Wenn das bis heute geblieben wäre, würden die Götter reiner verehrt werden.» Die Darstellung des Tac. ist eigentlich nur deswegen etwas gewagt, weil der Leser meinen könnte, daß die Germanen die Verehrung von anthropomorphen Göttern aus denselben Gründen ablehnten wie die philosophisch Gebildeten von damals.

Germanische Götternamen werden in lateinischen Texten oder Inschriften nicht verwendet; denn wenn der Römer eine fremdvölkische Gottheit kennenlernte, bezeichnete er sie, je nach ihrer Macht und Verehrungsweise, mit dem Namen einer entsprechenden römischen Gottheit. Tac. selbst nennt in Kap. 43 eine solche Gleichsetzung *interpretatio Romana*. Dieser Brauch war so eingebürgert, daß sogar germanische Krieger, die einem ihrer heimischen Götter eine lateinische Inschrift setzten, nicht den heimischen, sondern den lateinischen Gottesnamen verwandten. In Literatur und Inschriften treten besonders Mercurius, Hercules und Mars als ‹germanische› Götter hervor.

Mercurius ist sicher Wodan (germ. *Wōdanaz ‹Führer des wütenden Heeres›, ahd. *Wuotan,* anord. *Odinn*), der mächtigste Gott der meisten westgermanischen Stämme; denn der lateinische Wochentag *Mercurii dies* (ital. *mercoledì,* frz. *mercredi*) ist, als gegen 400 n. Chr. die siebentägige Woche eingeführt wurde, als ‹Wodanstag› wiedergegeben worden (anord. *ōdinsdagr,* engl. *Wednesday*), freilich später im Deutschen in einen harmlosen ‹Mittwoch› umgetauft worden. Man setzte Mercurius und Wodan vielleicht deswegen einander gleich, weil beide tückische Totengeleiter, findige Zauberer und weggewohnte Wanderer sind oder weil die Römer Handels- und Kaufverträge im Namen Mercurs, die Germanen aber im Namen Wodans bekräftigten oder weil – rein äußerlich – der eine Schlapphut und Heroldsstab, der andere Hut und Speer trägt.

Hercules ist Donar (germ. *Thunaraz,* ahd. *Donar,* anord. *Thōrr, Thor*), der starke Gewittergott. Die Gleichsetzung war vielleicht veranlaßt durch die Menschenfreundlichkeit beider, durch ihre physische Kraft, durch ihre Kämpfe gegen unholde Mächte, durch ihr Leben in Mühe und Arbeit, durch ihre Waffen (Keule des Hercules, Hammer des Donar), durch ihre Leistungen im Essen und Trinken. Später, etwa im 6. Jh. n. Chr., verdrängte der mächtige Donar sogar den Wodan; er wurde nun häufig dem römischen *Iupiter tonans* gleichgesetzt, und deswegen entspricht heute der Donnerstag dem römischen *Iovis dies* (ital. *giovedì,* frz. *jeudi*).

Mars ist Ziu (germ. *Tiwaz,* ahd. *Zio,* anord. *Tyr*), der Gott des Krieges und des Rechtsstreits. Die Gleichsetzung läßt sich hier

wieder aus dem Wochentag ablesen: der lateinische *Martis dies*
(ital. *martedì*, frz. *mardi*) ist der englische *Tuesday*. Unser Wort
Dienstag (mhd. noch *Ziestac*) geht zurück auf Dingstag (Thing-
Tag), es hat auch etwas mit Mars zu tun; denn auf zwei lateinischen Inschriften, die von germanischen Reitern in römischen
Diensten gestiftet wurden und sich am Hadrianswall in England
fanden, führt Mars den Beinamen Thingsus ‹Thing-Gott›. Ziu
ist sprachlich derselbe wie der indogermanische Himmelsgott
Djēus (aind. *Dyāus*, gr. Ζεύς , lat. *Diespiter-Iupiter*); er war also
einmal der höchste Gott (bei den Tenkterern noch zur Zeit des
Tac., vgl. hist. IV 64), ist aber dann durch Wodan ziemlich verdrängt worden und schließlich bloß noch Kriegsgott gewesen.

I s i s , die Schwester und Gattin des Osiris, Himmelskönigin,
Segenspenderin, Kulturbringerin und Seefahrtschützerin, war
eine vielverehrte ägyptische Gottheit, deren Kult aber auch im
ganzen römischen Reich weiteste Verbreitung hatte und sogar im
germanischen Grenzgebiet Eingang fand; in Westheim bei Augsburg stieß man auf eine römische Töpferei, die Votivgaben für
Isis und Serapis im großen herstellte. Tac. sieht jedenfalls in ihr
keine einheimische Göttin; trotzdem ist sie wohl eine, vielleicht
Freya, deren Name in Freitag weiterlebt, kaum die am Niederrhein verehrte Nehalennia oder die Nerthus; Rückschlüsse aus
ihrem Kultbild ‹nach Art einer liburnischen Barke› – die Liburnier
lebten an der dalmatinischen Küste – führen nicht weit genug.

O p f e r wurden bei den Germanen nicht so sehr dargebracht,
um die Götter huldvoll zu stimmen oder zu versöhnen, wie Tac.
sich ausdrückt, sondern um Fruchtbarkeit, Segen, Sieg und Frieden zu erhalten. An den Opferfesten, insbesondere bei Frühlings-
beginn, Ernteschluß und Sonnenwenden, wurden gewöhnlich
Haustiere, wie Pferde, Rinder, Schafe, Hunde dargebracht (ahd.
zebar ‹Opfertier› im Gegensatz zum ‹Ungeziefer›, das man nicht
opfern kann). Daß auch Menschenleben (Verurteilte und Gefangene) geopfert wurden, und zwar nicht nur dem Wodan, ist sicher
(vgl. Kap. 39–40 und ann. XIII 57).

10. Erforschung des Götterwillens

Einen Abschnitt über die Erforschung des Götterwillens und der
Zukunft an die Ausführungen über den Götterglauben anzuhän-
gen war in der antiken Ethnographie durchaus üblich. Die assoziative Verfügung geht hier von *secretum illud* ‹jenes geheimnis-

volle Wesen› über *vident* ‹sie schauen› zum neuen Stichwort *auspicia sortesque* ‹Vorzeichen und Lose› (ahd. *forazeihhan* und *hlōz*). Damit ist der Leser in einen Bereich geführt, der dem Römer durch jahrhundertealte Tradition vertraut war; deshalb legt Tac. bei seiner Schilderung auch besonderes Gewicht auf die Unterschiede zwischen römischer und germanischer Vorzeichendeutung und verweilt lang und mit innerer Teilnahme bei diesen Vorgängen.

Schon bei Caesar stehen zwei Zeugnisse über das Wahrsagewesen: Das erste (I 50), das S. 99 wiedergegeben ist, erzählt von den Frauen im Heere Ariovists, die mittels Losstäbchen und Weissagungen über die Annahme des Kampfes entscheiden. Im zweiten (I 53) berichtet sein Freund C. Valerius Procillus, der aus germanischer Gefangenschaft befreit werden konnte, «man habe in seinem Beisein dreimal seinetwegen die Losstäbchen befragt, ob er sofort den Feuertod sterben oder für eine spätere Zeit aufbewahrt werden solle; weil die Lose gut ausfielen, sei er noch am Leben.» Tac. aber hat viel genauere Kenntnisse als Caesar, was sich schon darin zeigt, daß er bereits vier Arten germanischer Zukunftsdeutung unterscheidet: Los-, Vogel-, Pferde- und Zweikampforakel, lauter Verfahren, die im Vergleich zu den römischen Techniken, über die es ganze Bücher gab, freilich recht einfach waren.

a) Losorakel. Die Stäbchen (ahd. *zein*) zum Losen mußten von einem fruchtbringenden Hartholzbaum (Buche, Eiche, Hasel, Wacholder) abgeschnitten werden, denn auf diesen Bäumen schien nach uralter heiliger Überlieferung der Segen der Gottheit zu ruhen, und von diesem Segen sollte etwas überströmen auf die magische Handlung; dieser Vorstellungskreis war auch den Römern geläufig: sie unterschieden eine *arbor felix* (fruchtbarer glückbringender Baum) und eine *arbor infelix* (unfruchtbarer Unglücksbaum). Die Losstäbchen wurden nach Tac. mit *notae* gekennzeichnet.

Es ist nun eine alte Streitfrage, ob damit Runen (ahd. *rūna* ‹Geheimnis›) gemeint sind. Tatsache ist, daß sich ein Römer unter einer *nota* einen Buchstaben oder ein bestimmtes Zeichen (z. B. Sternchen) oder eine Abkürzung (z. B. des Vornamens) vorstellte und daß die von Tac. beschriebenen *notae* wesentliche Eigenschaften der Runen haben: sie werden in Holz geritzt, sie ‹raunen› Zauber und sie tragen wahrscheinlich bedeutungsvolle Namen. Auch chronologisch wäre es nicht unmöglich, denn die

Runen sind teilweise aus einem norditalisch-nordetruskischen Alphabet wohl schon um die Zeitenwende entlehnt worden; die frühesten Runendenkmäler stammen freilich erst aus dem 3. Jh. n. Chr. Oder sind die *notae* nur einfache vorrunische Zeichen für Heil und Unheil? Von den planlos (denn man kann bei der Erforschung des Götterwillens nichts manipulieren) auf eine weiße Decke (denn die weiße Farbe ist nach Cicero *praecipue decorus deo* ‹vornehmlich Gott geziemend›) gestreuten Stäbchen hebt der Losende nacheinander drei auf (auch die ‹heilige› Zahl ist mitentscheidend) und formt dann den Bescheid. Wenn man die Worte des Tac. so auslegen darf, daß zu den aufgegriffenen Losstäbchen jeweils drei stabende, d. h. mit gleichem Anlaut beginnende Wörter gesucht, in einen gewissen Zusammenhang gebracht und in gebundener Form ausgesprochen wurden, liegt in diesem magischen Verfahren sogar der Ursprung des germanischen Stabreimverses. Oder antworteten die Lose nur mit Ja bzw. Nein wie im Bericht Caesars? Dann hätte es freilich keiner eigentlichen ‹Auslegung› bedurft. Der Germane fragte übrigens nur einmal, der Römer wiederholte die Befragung so lange, bis sich der Erfolg einstellte; bei günstiger Antwort sagte der Frager: *accipio* ‹ich nehme an›, bei ungünstiger: *non ad me pertinet* ‹es bezieht sich nicht auf mich›.

Von bemerkenswerter Ähnlichkeit ist die Form der Zukunftsdeutung bei den Skythen, über die Herodot (IV 67) erzählt: «Sie weissagen mittels einer Menge von Weidenstäben. Wenn sie große Bündel solcher Stäbe herbeigebracht haben, legen sie sie auf den Boden und sondern sie dann auseinander; nun legen sie jeden Stab einzeln hin und verkünden den Spruch; und während sie noch sprechen, raffen sie die Stäbe wiederum zusammen und legen sie nochmals einzeln hin.» Doch darf man diesen Bericht Herodots nicht als Vorlage für Tacitus ansehen.

b) Vogelorakel. Die Flugrichtung und die Stimme der Vögel zu beobachten und daraus den Willen der Götter zu erschließen war in der Antike besonders verbreitet. Über die Art, wie es die Germanen machten – es kam ihnen auf Art und Stimme des Vogels an –, gibt Tac. nichts Näheres an, aber an der Tatsache dieser Weissageart ist nicht zu zweifeln (ahd. *heilesōd* ‹glückhafte Vorbedeutung› und *fogilrartōd* ‹Vogelrede›). Ein gefangener Germane weissagte einst nach Josephus (Antiquitates XVIII 6,7) einem seiner Mitgefangenen aus dem Erscheinen einer Eule die Zukunft, und heute noch verbindet der Aberglaube Glück oder Unglück mit dem Anflug und Ruf mancher Vögel (Adler, Schwalbe, Rabe, Käuzchen, Eule, Kuckuck).

c) *Pferdeorakel*. Daß Pferde weissagen, war bereits Glaube mehrerer indogermanischer Völker (das Pferd Xanthos sagt bei Homer seinem Herrn Achilleus den Tod voraus), scheint aber bei den Italikern schon sehr früh abgekommen zu sein. Deshalb ist für Tac. diese Art, die er so anschaulich und genau beschreibt, wirklich ein *proprium* ‹eine besondere Eigenart› der Germanen. Von der Wertschätzung der Pferde zeugt ein interessanter Grabfund aus dem 6. Jh. n. Chr. in Rübenach im Kreis Koblenz: auf dem Friedhof der Menschen sind dort auch Pferdegräber, und zwar abgesondert von den Männer-, Frauen- und Kindergräbern, aufgedeckt worden. Handelt es sich bei den in dieser Weise ausgezeichneten Tieren um Pferde, die allein im Dienst der Gottheit gestanden waren? Auffallend ist die Bemerkung des Tac., daß in Germanien auch die Vornehmen und die Priester an die Zukunftsahnungen der Pferde glauben. Offenbar wollte er damit andeuten, wie unglaubwürdig das Vorzeichenwesen in Rom damals geworden war; hatte doch schon der alte Cato boshafterweise geäußert, er wundere sich, daß ein Haruspex (Vorzeichenschauer) nicht lachen müsse, wenn er einen anderen sehe.

d) Z w e i k a m p f. Der vorliegende Wortlaut läßt eine zweifache Erklärung zu: entweder handelte es sich um eine Art Gottesurteil, das als ‹Vorentscheidung› des kommenden Kampfes angenommen wurde – so wohl die Meinung des Tac. –, oder man wollte auf magische Weise den bevorstehenden Kampf dadurch günstig beeinflussen, daß man einen weitaus überlegenen Mann mit einem schwachen Gegner zusammenbrachte. Belege hierfür gibt es nicht; bezeugt ist aus späterer Zeit nur, daß Kriege gelegentlich nicht durch den Kampf zweier Heere entschieden wurden, sondern durch einen Zweikampf der Heerführer.

11. Verfassung und Volksversammlung

Die Erforschung des Götterwillens ging gewiß der Beratung und Beschlußfassung im T h i n g (germ. *thengaz*, anord. *thing,* ahd. *ding* ‹Sache, Rechtssache, Gerichtsversammlung, Versammlung›) zumeist voraus. Wohl deshalb schildert Tac. im Anschluß an seine Darstellung des Vorzeichenwesens ein germanisches *concilium,* eine ‹Volksversammlung›, und streift dabei auch die politische V e r f a s s u n g. Er baut seine Schilderung so auf, daß der

Leser den zeitlichen Ablauf (Vorberatung, Einberufung, Eintreffen der Teilnehmer, Einnahme der Plätze, Schweigegebot, Auftreten verschiedener Sprecher, Ablehnung oder Beifall, Beschlußfassung) miterlebt und daneben noch einige interessante Einzelheiten (z. B. über die germ. Zeitrechnung) erfährt. Ganz gerecht kann man der Taciteischen Schilderung erst dann werden, wenn man sie vor dem Hintergrund der hochentwickelten römischen Einrichtungen sieht; denn in fast jedem Wort klingt irgendein Gegensatz zur Verfahrensweise bei der römischen Volksversammlung und Senatsverhandlung auf: Römische Bürger erscheinen zur vereinbarten Stunde und ohne Waffen auf dem Versammlungsplatz und hören stehend die Worte der Redner, Beifall wird durch Händeklatschen (*applaudere*) gegeben. In den Senatsverhandlungen wird ein fester Geschäftsgang beachtet: der leitende Beamte eröffnet die Sitzung und stellt die Tagesordnung auf, die Reihenfolge der Redner ist von vornherein geregelt, die Abstimmung erfolgt in vorgeschriebenen Formen. Der Germane aber kommt, wohl durch Wege und Wetter bedingt, unpünktlich und in seinen Waffen (vgl. auch hist. IV 64) und nimmt sitzend an der Versammlung teil, Beifall wird neben Stampfen und Zuruf durch das Aneinanderschlagen der Waffen gezollt (vgl. hist. V 17). Die Beratung wird durch Priester eröffnet, die Sprecher wirken durch das Gewicht ihrer Worte, die Abstimmung geschieht nicht förmlich.

Beeindruckt ist Tac. vor allem durch drei Gegebenheiten, die er besonders betont: 1. Wichtige Entscheidungen trifft die freie Volksgemeinde; die germanische Verfassung ist eine Art Demokratie, in der die Aristokratie freilich eine führende Rolle spielt. 2. Das Verhalten des Germanen ist völlig beherrscht vom Streben nach persönlicher Freiheit. 3. Die germanischen Thinge verlaufen nicht in streng geregelten Formen und in starrer Disziplin (vgl. Caesar IV 1).

Es ist selbstverständlich, daß Tac. in der lateinischen Sprache nicht immer die adäquaten B e g r i f f e für die Wiedergabe germanischer Verhältnisse zur Verfügung hatte. Man darf z. B. in den *principes* nicht ‹Fürsten› eines geschlossenen Adelsstandes sehen, sondern Männer, die irgendwie hervorragten durch Alter, Besitz, Abkunft, Erfahrung, Redegabe und die großen Einfluß hatten (vgl. Caesar IV 13 und Tac. ann. I 55). Auch hinsichtlich der Verfassung darf man sich den germanischen ‹Staat› noch nicht als wohlgeordnetes politisches Gemeinwesen vorstellen, eingeteilt in feste Bezirke, in denen freie, gleichberechtigte Bauern sich selbst regierten; das Bild der germanischen ‹Verfassung› ist durch die römische Sehweise naturgemäß etwas verzeichnet.

Tac. schildert keine beliebige Volksversammlung, sondern ein sog. Großes Thing, das in regelmäßigen Abständen (in der Karolingerzeit dreimal im Jahr) stattfand. An einem solchen Thing nahmen alle freien, waffenfähigen, ehrbaren Männer (vgl. Kap. 6) des Stammes teil; der Stamm war gleich der Gesamtheit der Thinggenossen. Für die Abhaltung des Things lag die Zeit fest, es wurde nicht eigens aufgeboten (ungebotenes Thing); nur bei besonderen Anlässen wurde einberufen (gebotenes Thing). Man tagte gewöhnlich an geweihter, feierlich umzäunter Stätte unter freiem Himmel (vgl. Kap. 39 und hist. IV 14 sowie ann. II 12) und begann mit einem Opfer. Das Thing stand unter dem Schutz des Mars Thingsus (germ. *Thingsaz), Bruch des Thingfriedens galt als Gottesfrevel; deshalb wurde es von Priestern (ahd. ēwarto ‹Ordnungs- und Rechtswahrer›) nach einem bestimmten Ritus ‹gebannt›; deshalb auch wurde von Priestern feierlich Aufmerksamkeit (‹lust›) geboten und Unaufmerksamkeit (‹unlust›) geahndet.

Daß man den Beginn des Things an eine Mondphase knüpfte, erklärt sich aus dem uralten und heute noch auf dem Land lebendigen Glauben an den Einfluß des Mondes: wachsender Mond fördert und mehrt, abnehmender Mond schwächt und mindert (ahd. māno ‹Mond› bedeutet ursprünglich wohl ‹Zeitmesser›). Das Rechnen nach Nächten (es war übrigens nach Caesar VI 18 auch bei den Galliern üblich) folgt daraus von selbst; Erinnerungen daran finden sich noch in der Sprache: Sonnabend, Weihnacht, Fastnacht, bair. heint ‹heute› (aus ahd. hīnaht ‹diese Nacht›), engl. fortnight. Die Römer rechneten anders: den Tag (in der Morgenfrühe beginnend) zu zwölf Stunden und die Nacht zu vier Wachen.

12. Gericht und Strafe

Die Beschreibung einer germanischen Volksversammlung ergänzt Tac. in Kap. 12 dadurch, daß er einen Gegenstand streift, der dort zur Behandlung kommen konnte: die Ahndung eines strafrechtlichen Tatbestandes.

Tac. kennt zwei Gerichtsbarkeiten: das ‹Thinggericht› (wohl nur für die Schwerverbrechen) und das ‹Schöffengericht› unter dem Vorsitz eines Fürsten (wohl für die Mehrzahl der Fälle). Von dem Gericht unter einem Fürsten berichtet auch Caesar (VI 23). Daß ein solcher ‹Fürst›, der in einem größeren oder kleineren Gau die Rechtspflege hatte, vom Volk bestellt wurde, leuchtet ohne weiteres ein, weniger dagegen, daß jeder Gerichtsherr genau 100 *comites ex plebe* ‹Begleiter, Schöffen aus dem Volk› zur Seite haben sollte (man hat sogar fest behauptet, daß damit der im Kap. 6 erwähnte Truppenverband gemeint sei). Sicher ist nur, daß jeweils ein *princeps* (Fürst, Adeliger, Häuptling oder Kleinkönig) in seinem Herrschaftsbereich, der zugleich Gerichtssprengel war und in der fränkischen Zeit das *huntari* hieß, in die einzelnen Siedlungsgebiete hinausging und unter Mitwirkung mehrerer Schöffen dort Recht sprach. Möglich wäre auch, daß immer ein ‹Herr über Hundert› (ahd. *hunno*) als Schöffe amtierte, die verschiedenen ‹Herrn über Hundert› also das *consilium* ‹den Beirat› bildeten.

Die Abstufung im S t r a f m a ß (*distinctio poenarum ex delicto*) erklärt sich wohl auch weniger aus psychologischen Erwägungen, wie sie Tac. skizziert, als aus magisch-sakralem Weltgefühl: der Verbrecher galt als Schadenstifter, der in unheilvoller Weise in das natürliche Daseinsgefüge eingegriffen hatte; seine schädliche Wirkung mußte in einer Art Analogiezauber wieder behoben werden, mußte Wiedergutmachung finden; am besten konnte das durch eine analogische Talion, durch Anwendung des ‹Prinzips der spiegelnden Strafe› geschehen: die Art und Schwere des Verbrechens spiegelt sich in der Art und Härte der Hinrichtung. Lange hat man gemeint, es habe ein ‹sakrales Strafsystem› geherrscht: ein Verbrecher habe irgendeinen Gott beleidigt und habe dann zur Sühne diesem Gott in gebührender Weise (z. B. dem Wodan durch Hängen) geopfert werden müssen. Es ließ sich aber zeigen, daß solche Gedankengänge (Blutschuld – Gotteszorn – Sühneopfer) mehr der christlich-mittelalterlichen als der heidnisch-germanischen Welt angehören.

Tod stand vor allem auf Verfehlungen gegen die Gemeinschaft, auf Verrat, Zauberei, Brandstiftung, schweren Diebstahl und gewissen Sexualverbrechen; Tac. nennt Verräter und Überläufer, Feiglinge, Kriegsscheue (vgl. aber Kap. 6 u. 31) und der widernatürlichen Unzucht Schuldige. Totschlag, der nicht aus niederträchtigen Motiven entsprang und zu dem sich der Täter bekannte, gehörte zu den geringeren Verbrechen (vgl. Kap. 21) und konnte unter Umständen durch Geld gesühnt werden; ein Teil der Buße (ahd. *buoza* ‹Wiedergutmachung›) fiel an den Geschädigten, ein Teil als sog. Friedensgeld an die öffentliche Gewalt (Volk, König). Tac. erwähnt nicht alle Strafen, z. B. nicht die der Steinigung und der Friedlosigkeit, bei der ein Verurteilter wie ein ‹Wolf› gehetzt und niedergeschlagen werden konnte. Für die Strafe der Versenkung ‹im fauligen Moor›, die besonders an Frauen vollstreckt wurde, gibt es im Bereich der Nordseeküste (Holland, Nordwestdeutschland, Dänemark) viele archäologische Zeugnisse. Doch finden sich Moorleichen, die zum Teil aus Opferungen, Morden und Unglücksfällen herrühren, auch in nichtgermanischen Gebieten Europas, und zwar aus mehreren Jahrtausenden. Darauf geworfenes Flechtwerk sollte ebenso wie die oft angewandte Verstümmelung, Fesselung oder Pfählung nur verhindern, daß der Tote als Wiedergänger an den Lebenden Rache nähme.

13–15. Gesellschaft und Gefolgschaft

Man darf annehmen, daß die in Kap. 13–15 behandelten Dinge auf Tac. einen besonderen Eindruck gemacht haben; deshalb die Ausführlichkeit in der Schilderung, deshalb die spürbare Anteilnahme an dem Dargestellten, die bewußte Verwendung vieler schmückender Stilmittel (Alliterationen, Anaphern, Antithesen, Asyndeta und Polysyndeta, Variationen, Steigerungen), deshalb so viele Vergleiche und Wertungen. Er versucht hier offenbar, tief in das germanische Wesen einzudringen, typische Verhaltensweisen aufzufinden und hinter den Einrichtungen das Denken, hinter den *mores* die Moralität zu erkennen. Der vorgegebene Weg für die Darstellung war deswegen der von außen nach innen, von den sachlichen Gegebenheiten zu den inneren Einstellungen.

Thematisch stellt er sich etwa vier Aufgaben: 1. Aufbau und Gliederung der germanischen *res publica* sichtbar werden zu lassen, 2. die politisch wirksamsten Kräfte innerhalb der Gesellschaft nachzuweisen, 3. das Ethos des Kriegers und die Ehre der Waffe herauszustellen (vgl. Kap. 11, 22, 27 und hist. IV 64), 4. die Gleichartigkeiten und Verschiedenheiten zwischen der germanischen und römischen Welt aufzuzeigen. Daß ihn die Unterschiede besonders fesseln, wird gleich zu Anfang schon deutlich, wo er berichtet, wie der junge Mann mündiger Vollbürger wird: der Römer im 17. Lebensjahr durch die Anlegung der *toga virilis* (der weißen Männertoga) und durch Eintragung in die Liste der *iuniores* (Jungbürger), der Germane in nicht genau festgelegtem Alter durch die feierliche Waffenverleihung, die ihn wehrpflichtig und thingfähig macht. Anders ist vor allem die Schichtung und politische Durchformung der Gesellschaft: In Rom leiten nach genau formulierten Normen (*leges*) mehrere Beamte (*magistratus*), die eine bestimmte Laufbahn (*cursus honorum*) absolvieren, kraft ihrer Befehlsgewalt (*imperium, potestas*) zusammen mit dem Senat das an sich souveräne Volk (*populus*); in Germanien schaffen sich in voller Freiheit (*libertas*) einzelne Herren (*principes*) ein ihnen persönlich verbundenes Gefolge (*comitatus*), in dem man sich durch tapferen Wettstreit (*aemulatio*) hochdienen kann, und gewinnen Macht und Ansehen (*vires, praesidium, dignitas, decus*) innerhalb des Stammes (*civitas*). Die germanische Gefolgschaft ist damit allein schon das, was in Rom Ämterlaufbahn, Kriegsdienst und Klientelsystem zusammen sind, und hat dabei noch den Vorzug der Ursprünglichkeit und Einfachheit; darum mag sie für Tac. so bemerkenswert gewesen sein.

Die erste Nachricht über das G e f o l g s c h a f t s w e s e n und die freiwillige Heeresfolge bei den Germanen finden wir bei Caesar VI 23. Das sicherste und ausführlichste Zeugnis, ja den *locus classicus* über das altgermanische Gefolgschaftswesen bilden jedoch die Kap. 13–15 der Germania (Das Wort ‹Gefolgschaft› entstammt der Geschichtswissenschaft des 19. Jhs.; ahd. entspricht etwa *gisindo* ‹Mitgänger, Begleiter›, *degan* ‹junger Kämpfer› und *truhtin* ‹Gefolgsherr›, *furistō* ‹Fürst›.) Folgende Züge dieser Gemeinschaftsform sind erweislich:

In langem, aber nicht lebenslangem Dienst eines mächtigen *princeps* steht ein Verband durchweg freier Männer (Ammianus XVI 12 spricht von 200 *comites* des Alamannen Chnodomar). Über die innere Gliederung eines solchen Verbandes wissen wir nur, daß es Rangstufen gab: Neulinge und Bewährte. Zwischen den Gefolgsleuten und dem Gefolgsherrn besteht ein gegenseitiges Treueverhältnis; dieses wird in der Regel begründet durch einen freien Vertrag zwischen Herrn und Mann und ist deshalb von beiden Seiten lösbar. Pflicht der Gefolgen ist Waffendienst, auch unter Einsatz des eigenen Lebens, und Repräsentation. Sie gehören dem Haushalt des Herrn an, empfangen dort ihren Unterhalt, sind aber frei von den Arbeiten, die es auf dem Hof zu verrichten gibt, und sehr geachtet. Die Mannen haben Anspruch auf Ausrüstung und Verpflegung, erwarten sich aber darüber hinaus – was viele Texte aus späterer Zeit immer wieder aussprechen – für treue Pflichtleistung Geschenke (Pferde, Waffen, Gold, Ringe, Kleider) und hoffen, daß sich die Glückskraft des Herrn auch ihnen mitteile. Ein Gefolge war gewiß recht kostspielig, so daß sich zwar rechtlich jeder freie Germane eines halten konnte, tatsächlich aber nur der vermögende.

Man hat die germanischen Gefolgschaften auch als Kultgemeinschaften gedeutet; doch liegen ihre Wurzeln wohl in Notwendigkeiten der Frühzeit: Germanische Viehzüchter – das sind wirtschaftlich gesehen die *principes* – haben ihre Lebensgrundlage und ihren ganzen Reichtum in ihren Herden (vgl. Kap. 5). Sie mußte man vor jedem Zugriff schützen; daher der Zusammenschluß junger Kämpfer und die ständige Wehrbereitschaft, daher auch die Überfälle und Raubzüge gegen die Feldbauern anderer Stämme. Vielleicht ist das germanische Gefolgschaftswesen stark von der Gesellschaftsordnung der Kelten beeinflußt; denn «für die Genossenschaften entwickelten sie größten Eifer, weil bei ihnen derjenige als der furchtbarste und mächtigste Mann galt, der die meisten Dienstmannen und Gefolgsleute zu haben schien», sagt schon der älteste Gewährsmann Polybios (II 17) über die oberitalischen Kelten. Nach Caesar (III 22 u. VI 15) heißen die keltischen Gefolgsleute *soldurii* ‹durch Gelübde Gebundene› oder *ambacti* ‹Dienstleute, die sich um einen Herrn bewegen›. Auch sie folgten dem Herrn in den Tod (Caesar III 22 u. VII 40). Die politischen, sozialen und kulturellen Wandlungen des frühen Mittelalters haben dem germanischen Gefolgschaftswesen, das zur Zeit des Tac. noch gar nicht sehr alt war, ein Ende bereitet.

Gewiß sind sehr viele Germanen n i c h t in einer Gefolgschaftsbindung gestanden. Deshalb darf man das von Tac. im Kap. 15 entworfene Bild nicht verallgemeinern; er denkt hier nämlich nur an die Schicht adeliger Herrn mit ihrem Gefolge. Nur sie konnten es sich leisten, Hof und Acker nicht selbst zu versorgen und ‹nichts zu tun› – für Tac. ‹ein merkwürdiger Widerspruch in ihrem Wesen›; galt doch zu seiner Zeit die Anschauung, daß nur harte Bauernarbeit zu körperlich-militärischer Tüchtigkeit führe. In Wirklichkeit haben sich wohl die meisten Germanen in schwerer, wenig lohnender Feldarbeit abplagen müssen. Auch das träge Dahinleben im Frieden gilt nur für die Gefolgschaften – die Formulierung ist übrigens in bewußt starker Antithetik zur Einsatzfreudigkeit im Kriege so gewählt. Der größte Teil der Germanen verschafft sich nämlich den Lebensunterhalt auch durch Jagd (vgl. Kap. 23 sowie Caesar IV 1 und VI 21.28) und muß mit recht einfachem Essen vorlieb nehmen (vgl. Kap. 23). Vielleicht ist gerade bei den Angaben in Kap. 15 ein ethnographischer Topos mitverwendet, der bei Herodot (V 6) über die Thraker nachzulesen ist: «Faulenzen halten sie für das schönste, Feldarbeit für das niedrigste, ein Leben von Krieg und Raub für das beste.»

16. Siedlung und Haus

Kap. 16 ist motivlich nicht mit dem vorigen verbunden: jetzt beginnt der zweite Abschnitt des allgemeinen Teils der Germania, der das Privatleben behandeln wird. In sinnvoller Weise eröffnet Tac. diesen Abschnitt durch eine Beschreibung der Siedlungsformen und des Hausbaus.

Feldbauern und Großviehzüchter – das waren die Germanen wirtschaftlich gesehen – wohnen natürlich nicht in Städten (die Tenkterer bezeichnen die Mauern Kölns einmal als *monumenta servitii*, als ‹Mahnmale der Knechtschaft›), sondern siedeln auf Einzelhöfen, in Weilern und in Dörfern (gelegentlich erwähnte *oppida* ‹Städte› sind nur Fliehburgen). Verstreute Einzelhöfe allerdings sind von den Archäologen kaum gefunden worden, dagegen vielfach Gehöftgruppen, Weiler und Dörfer, Haufendörfer und auch schon Reihendörfer. Die Siedlungen lagen oft auf Anhöhen, an Hängen und in der Nähe von Quellen und Wasserläufen, weil man das Wasser zumeist nicht aus Brunnen, sondern aus Quellen und Bächen holte. Daß man sich dort niederließ, wo einem eine Quelle, ein Feld, ein Gehölz gerade zusagte, ist heute noch erkennbar in den Hunderten von Ortsnamen auf -au, -ach (ahd. *aha* ‹Fluß›), -bach, -brunn (-born, -bronn), -feld(en), -wang, -wald, -holz, -hag, -busch, -loh(e).

Die ebenerdigen oder etwas eingetieften Häuser waren klein bis stattlich; sie hatten fast alle rechteckige, einige freilich auch rundliche Form. Im Norden herrscht das dreischiffige ‹Hallenhaus› vor, weiter südlich das dreischiffige ‹Ständerhaus›; es gab sog. Pfostenhäuser, Fachwerkhäuser und Blockhäuser; die einzelnen Formen waren nicht ethnisch gebunden. Auch verschiedene spätere Typen des Bauernhauses konnte man für die Zeit des Tac. schon nachweisen: das ‹Sachsenhaus›, den mitteldeutschen ‹Dreiseithof›, das ostdeutsche ‹Laubenhaus›.

Grubenartige Eintiefungen, die zu verschiedenen Zwecken dienten (Abfallgruben, Vorratsgruben, Herdgruben, Grubenhütten), sind besonders häufig gefunden worden. Tac. (oder seine Quelle?) vermengt zwei verschiedene Grundtypen: die Grubenhütten und die Vorratsgruben; darum auch die eigenartige, gekünstelte Deutung am Schluß des Kapitels. Bei den Grubenhütten oder den sog. Dachhäusern war der Boden (etwa 3 x 4 m) so weit eingetieft, daß die Wand fast nicht mehr über den Erdboden hinausragte; auf ihm saß die Unterkante des von zwei Pfosten und einem Firstbalken getragenen Daches auf. Dieses wurde zum Schutz gegen die Kälte mit Stroh und oft auch mit Dung überdeckt (Dung bedeutet ursprünglich nur ‹Deckschicht›). Solche Grubenhütten dienten zum Wohnen, zu Hausarbeiten und zum Weben (was häufig dort gefundene Webgewichte beweisen und auch Plinius XIX 9 erwähnt). Die Vorratsgruben waren bis zu 2 m eingetieft und hatten die Form eines Trichters oder Bienenkorbs; zumeist dienten sie als kleine Getreidesilos. Ihre Einstiegslöcher waren so klein, daß sie sich leicht durch Graswasen abdecken und unkenntlich machen ließen. Auf diese Weise blieben wenigstens die unersetzlichen Getreidevorräte erhalten, wenn bei einem feindlichen Einfall die Häuser abbrannten.

Die Schilderung in Kap. 16 konnte nur jemand entwerfen, der die großartigen Monumentalbauten Roms beständig vor sich hatte und die festen Steinhäuser an langen Straßenzeilen in italischen Städten gewohnt war; die Unregelmäßigkeit germanischer Siedlungen, die dunklen Blockhäuser, die bunten Fachwerkbauten mußten für ihn *citra speciem aut delectationem* ‹ohne reizvolles Aussehen› sein.

Der Steinbau wurde in Germanien erst allmählich durch die Römer verbreitet. Deswegen gehen die wichtigsten Ausdrücke dieser Bautechnik auf das Spätlateinische zurück, z. B. Mauer, Ziegel, Mörtel, Kalk, Pfeiler, tünchen (lat. *mūrus, tēgula, mortārium, calx, pīla, tunicāre*).

17. Kleidung

Griechische Ethnographen haben Kleider und Waffen durchweg zusammen behandelt, Tac. trennt beides weit auseinander und erreicht damit einen kunstvolleren Aufbau seiner Schrift: mit den Waffen leitet er die Darstellung des öffentlichen Lebens (Kap. 6 ff) ein, mit der Kleidung die des privaten Lebens (nur Siedlung und Hausbau mußten naturgemäß vorausgestellt werden). Nach den Waffen bringt er dann die Schilderung der Kampfesweise und führt den Leser damit in die Welt des Mannes, nach der Kleidung bringt er die Darstellung der Ehe und führt vor allem in die Welt der Frau. Das dominierende Motiv ist auch in Kap. 17 das der *simplicitas*, der Einfachheit. Das Nebenmotiv der Urtümlichkeit klingt auf bei den Bemerkungen über das Schmuckbedürfnis der Naturvölker, die noch nicht dem Einfluß benachbarter Kulturvölker erlegen sind und deshalb (eine treffende Beobachtung!) mit größerer Bewußtheit an ihrem angestammten Putz hängen.

So einfach, wie Tac. die germanische K l e i d u n g schildert, ist sie wohl in Rom von den meisten angesehen worden; bildliche Darstellungen aus römischer Hand bieten hierfür manche Bestätigung. Caesar (IV 1 und VI 21) hatte, um die Wildheit der Germanen hervorzuheben, noch roher vereinfacht. Das von Tac. zur Herausstellung seiner Grundabsicht nur skizzierte Bild – man konnte ja heimisch gekleidete Germanen in Rom häufig sehen, und wer beschrieb in der Antike schon das Äußere des Menschen von Kopf bis zum Fuß? – ist wegen seiner Gedrängtheit etwas widersprüchlich geraten und konnte durch reiche Ausgrabungsfunde vervollständigt werden. Der M a n n trug gewöhnlich leinene Unterkleidung und als Oberkleidung eine Hose, die bis zu den Knien oder Knöcheln reichte (ahd. *bruoh* bzw. *hosa*), und einen Kittel mit Ärmeln oder einen viereckigen Tuchumhang, der auf der rechten Schulter mit einer Spange zusammengehalten wurde. Gegen die Winterkälte schützten Schaf- und Rinderfelle und Pelze, die man vorzüglich zu Mänteln und Jacken verarbeitete. Die F r a u trug eine *andere* Kleidung als der Mann, nämlich ein langes, ärmelloses Kleid oder einen faltigen Rock mit einem Oberhemd bzw. einer Jacke ohne Ärmel. Tac. denkt bei seiner Angabe an die zuletzt erwähnten Pelze oder Kleidungsstücke, die tatsächlich gleich waren. Gewöhnlich wurde Wolle, aber auch Flachs und Hanf zur Fertigung verwendet; als Färbemittel konnten Heidelbeere, Ginster und Waid (für rot, gelb-grün und blau) dienen. Die Gewandspangen hatten damals – es gab besonders sog. Bügel-, Scheiben- und Ringfibeln aus Bronze, Eisen und Silber – schon eine über tausendjährige Geschichte hinter sich.

18–19. Eheschließung und Ehesitte

Der vorausgehende Abschnitt endet mit einer auffallenden Pointe in vierfacher Alliteration (*proxima pars pectoris patet* ‹der anschließende Teil der Brust bleibt frei›). Deswegen darf man der

Angabe als solcher nicht zuviel Gewicht beilegen und darf auch nicht die sog. Barbarin (in der Loggia dei Lanzi in Florenz) zur Bestätigung beiziehen, denn deren hälftig entblößte Brust ist lediglich das Zeichen der Trauer über die Gefangenschaft. Tac. will hier vor allem eine wirkungsvolle Überleitung gestalten: in Germanien ist – umgekehrt wie in Rom – die Frauenkleidung zwar f r e i , aber die Ehe s t r e n g . Auch die idealisierende Schilderung der Eheschließung und Ehesitte selbst mit ihrer Verwendung vielfältiger rhetorischer Mittel hat es ganz auf Wirkung abgesehen, und unüberhörbar mußte für den römischen Leser die versteckte K r i t i k an bedenklichen Zeiterscheinungen sein. Die Ehe ist bei den Germanen noch ein echter Lebensbund, und Mann und Frau gehen nicht wie in Rom ihren Sonderinteressen, Vergnügungen und Leidenschaften nach; die Frau ist des Mannes ‹Gefährtin in Mühsal und Gefahr› und ‹zählt nicht› wie in Rom gelegentlich ‹die Jahre nach den wechselnden Gatten›; Eheverfehlungen der Frau werden streng geahndet und nicht wie im Imperium mit lockeren Worten als ‹zeitgemäßes Denken› abgetan; viele Kinder sind erwünscht, anders als in Italien, wo man Kinderscheuen sogar mit Gesetzen beizukommen suchte. Auch eine gewisse verklärende Sehnsucht nach der guten alten Zeit Roms schwingt in den Worten des Tac. mit. Einst war dort die Ehe häufig in der feierlichen Form der *confarreatio* geschlossen worden und damit unlösbar, die Frau hatte als Helferin des Mannes und Walterin des Hauses gegolten und ihren Stolz darein gesetzt, eine *univira* (nur einmal verheiratet) zu sein, und nur höchst selten war eine Ehebrecherin zu bestrafen gewesen.

Tac. hat die germanische Ehe ganz im Sinne seines Werkes nur im Hinblick auf die kriegerische Lebensform gedeutet. Das ist von seiner Schau her gewiß eindrucksvoll, ist aber auch einseitig; denn die (nicht völlig aufzuhellende) Wirklichkeit war viel sachlicher und nüchterner. Die Verheiratung eines Mädchens erfolgte nämlich, wie wir aus späteren Quellen wissen, lange in der Form eines K a u f e s : Wenn die Sippe des Freiers und die des Mädchens (und gewöhnlich auch das Mädchen selbst) mit der geplanten Verbindung einverstanden waren, wurde in Gegenwart von Zeugen ein Vertrag vereinbart und eine Leistung (ahd. *widamo* ‹Wittum› oder *miata* ‹Bezahlung›) festgelegt, die der Mann an die Sippe der Braut zu erbringen hatte. Das Mädchen selber konnte keinen Rechtsakt vollziehen und wurde bei allem durch ihren Vater oder Vormund vertreten. Beim eigentlichen Eheabschluß wurde die

Braut, die nun zwei Sippen miteinander verbinden sollte, unter feierlicher Überreichung von Sinnbildern (Schwert, Ring, Mantel oder Hut) in die Gewalt (ahd. *munt* ‹Schutz›) des Mannnes gegeben; dafür übergab dieser einen Teil seines Besitzes (Rinder, Pferde, Waffen), den Tac. der römischen Mitgift (lat. *dos* ‹Gabe›) gleichstellt, an die Sippe der Braut. Wahrscheinlich ist davon auch der jungen Frau etwas als Aussteuer überlassen worden, und gewiß haben sich die Neuvermählten auch persönlich beschenkt.

Die strenge E i n e h e herrscht nicht so allgemein, wie Tac. glaubt, jedenfalls nicht beim Adel (Ariovist z. B. hatte nach Caesar I 54 zwei Frauen, eine Suebin und eine Norikerin); Gesetz und Brauch gestatteten dem Mann auch Nebenfrauen – wenn er es sich leisten konnte. Ehebruch konnte rechtlich nur von seiten der Frau begangen werden. Die ertappte Ehebrecherin war ganz der Willkür ihres Mannes verfallen; er konnte sie bußlos erschlagen oder verstoßen. Die von Tac. erwähnte Bestrafung galt sogar als die mildere und scheint durchaus vorgekommen zu sein; denn noch in einem mittelalterlichen schwedischen Landschaftsrecht wird bestimmt, daß der Mann die Ehebrecherin zur Türschwelle führen, ihr den Mantel herunterreißen und das Rückenteil des Rockes abschneiden und sie dann von seinem Hof fortjagen solle.

20. Kindererziehung und Erbrecht

Dieses Kap. führt die Schlußbemerkung des vorigen Abschnitts zwanglos weiter. Das Bemerkenswerteste bei der Kindererziehung der Germanen ist für Tac. die N a t ü r l i c h k e i t: man läßt der Natur ihren Lauf, denn die dem Menschen eingeborene *virtus* offenbart sich zur rechten Zeit von selbst. Dieses Vertrauen in die Kräfte der Natur entspricht gewiß der Wirklichkeit germanischen Denkens, ist aber auch von der stoischen Philosophie, besonders durch Poseidonios für die Randvölker der Welt, vertreten worden; man meinte, daß den Naturvölkern viele physisch-sittliche Qualitäten mitgegeben seien, die den Kulturvölkern verlorengegangen sind. Solche philosophische Anschauungen verbindet Tac. dann noch mit altrömischen Vorstellungen; überhaupt gewinnen die Ausführungen des Kap. 20 ihre Leuchtkraft erst vor der Folie der von Tac. kritisierten römischen Verhältnisse. In seinem ‹Gespräch über die Redner› (28 f) sagt er: «Früher wurde bei jedem der Sohn, das Kind einer keuschen Mutter, nicht in der Kammer einer gemieteten Amme, sondern auf dem Schoß und den Armen seiner

Mutter erzogen; für diese war es der höchste Ruhm, sich um das Hauswesen anzunehmen und für die Kinder dazusein... Jetzt aber wird das Kleinkind einer leichtfertigen griechischen Sklavin überwiesen, der man noch den einen oder anderen aus all den Sklaven beigibt, meist den billigsten, den man sonst zu keinem ernsten Geschäft verwenden kann.» Zurückhaltung im Geschlechtlichen galt der Stoa ebenfalls als naturgemäß, während im ‹zivilisierten› Rom oft schon dreizehnjährige Mädchen in die Ehe gedrängt wurden. (Vgl. auch Caesar VI 21.)

Das enge Verhältnis zwischen **Mutterbruder** (ahd. ōheim) und **Neffen** (ahd. nevo ‹Enkel, Verwandter›) erklärt sich nicht etwa aus mutterrechtlichen Zuständen, sondern daraus, daß die Frau nach der Verheiratung (anders als in Rom) mit ihrer Sippe eng verbunden blieb und daß sie sich, falls sie Rechtshilfe für ihre Kinder, etwa gegenüber Stiefkindern brauchte, an ihren nächsten männlichen Blutsverwandten, eben an ihren Bruder, wenden konnte. Gerade die Geborgenheit in einer Sippe (germ. *sibjō ‹Sippe› bedeutet ursprünglich ‹Friede, Verbundenheit, Zugehörigkeit›) machte in Germanien vieles einfacher: man brauchte z. B. keine Testamente (die erst durch die Kirche bekannt wurden). Der gleichbleibende Besitzstand (Haus, Feld, Vieh, Vorräte, Unfreie) gehörte nämlich nicht irgendwem persönlich, sondern der Großfamilie und Sippe; durch einen Todesfall wurde er nicht verändert; die Gesamtmasse ging lediglich vom Vater zur Nutzung auf einen Sohn oder männlichen Verwandten über, die Töchter arbeiteten auf dem Hof weiter oder erhielten bei der Verheiratung eine Aussteuer. Erbschleicherei hätte keinen Sinn gehabt; sie wucherte im kaiserzeitlichen Rom und verschaffte reichen kinderlosen Greisen manche Aufmerksamkeit von seiten wartender Beerber.

21. Feindschaft und Gastfreundschaft

Vom Erbrecht ausgehend, kommt Tac. zu einer germanischen Sitte, die den rechtlich geschulten Römer befremden mußte: der Erbende, wie überhaupt jeder Sippenangehörige, übernimmt auch **Fehden** (ahd. ga-fēhida), ja die schwere Pflicht zur Rache, falls jemand aus der Sippe getötet worden war. Für die Verwirklichung gab es zwei Wege, den der gerichtlichen Klage vor dem Thing (vgl. Kap. 12) und den der Selbsthilfe, d. h. Blutrache. Dieses schreckliche Verfahren ist bei alten und neuen ‹Naturvölkern›

durchaus üblich und hauptsächlich der Ausdruck strenger Sippenbindung. Nur wenn die Tätersippe und die geschädigte Sippe zum
Vergleich bereit waren, konnte unblutige Sühnung durch Zahlung
eines sog. Wergelds (ahd. *weragelt* ‹Manngeld›) nach festgelegten
Sätzen eintreten.

Neben dem Fehdewesen hat die (in Wirklichkeit gar nicht so
selbstverständliche) Gastfreundschaft der Germanen auf
Tac. Eindruck gemacht. Deshalb gestaltet er die Skizze Caesars
(VI 23) weiter aus und akzentuiert anders: Caesar legt Wert auf
die Heiligkeit der Gastfreundschaft, Tac. auf die Freigebigkeit.
Gastfreundschaft wurde von den alten Völkern sehr gepflegt;
denn bei den damaligen Verhältnissen war man in der Fremde
unbedingt auf den Schutz durch einen Freund angewiesen. Der
Gast (lat. *hostis* ‹Feind› entspricht germ. **gastiz* ‹Fremder›) durfte
sich alles erwarten, was der Wirt (ahd. *wirt* ‹Hausherr, Wirt› ge-
hört zu *werēn* ‹gewähren, erfüllen›) leisten konnte, insbesondere
Schutz und Geleit. Beim Abschied – länger als drei Tage zu bleiben war unschicklich – tauschte man Geschenke; das war in der
Antike auch anderswo üblich (vgl. Homers Odyssee).

22. *Alltag und Gelage*

Die Kap. 22–26 bilden eine gewisse Einheit. Tac. schildert in
ihnen die *negotia* (Geschäfte) und das *otium* (Muße) der Germanen. Eigenartigerweise behandelt er zuerst das *otium* in den Ein-
zelbildern ‹Gelage, Essen und Trinken, Schauspiele und Würfelspiel› (Kap. 22–24) und deutet die *negotia* in den Abschnitten
‹Sklaven und Freigelassene, Wirtschaft und Ackerbau› (Kap. 25 bis
26) nur an. Bei seiner Schilderung hat er – wie fast jeder antike
Autor – lediglich die Schichten der Vornehmen und Begüterten im
Auge; nur sie interessierten den Leser, nur mit ihnen kam der
Römer in Friedenszeiten in so nahe Berührung, daß er einen Ein-
blick in den Alltag gewann. Gerade deswegen mußte die Darstellung auch etwas einseitig geraten; sie trifft auf den hart arbei-
tenden Bauern nicht zu.

Bei seinen Angaben denkt Tac. immer vergleichend an die
Römer, so auch hier: Der Römer erhob sich mit Sonnenaufgang,
weil die Morgenstunden wegen der heißen Mittagszeit ausge-
nutzt werden mußten, der Germane dehnt wegen des Klimas den
Schlaf länger aus; der vornehme Römer badet nachmittags in den
Thermen, der Germane wäscht sich sofort nach dem Aufstehen,

oft warm (Caesar IV 1 und andere erwähnen nur das Baden im Freien); der wohlhabende Römer liegt beim Mahle auf dem Sofa um eine gemeinsame Tafel, der Germane sitzt auf Stühlen oder Bänken und erhält seine Mahlzeit auf einem kleinen Tisch (ahd. *tisc* aus lat. *discus* ‹Scheibe, Teller›) vorgesetzt. Aus den genannten Gründen gelten die Bemerkungen über die Gelage ebenfalls nicht allgemein, sondern nur für besondere Anlässe, z. B. Götterfeste, Hochzeiten und Totenfeiern (vgl. Tac. ann. I 50 und hist. IV 14); da wurde natürlich fest gegessen und getrunken – wie heute auch. Übrigens spielen hier ethnographische Motive mit herein: «Die Perser», sagt Herodot I 33, «pflegen im Rausch wichtigste Angelegenheiten zu verhandeln. Den Beschluß, mit dem sie einverstanden waren, trägt der Hausherr, in dessen Haus die Beratung stattfindet, am nächsten Tage, wenn sie wieder nüchtern sind, nochmals vor. Wenn man nüchtern auch noch einverstanden ist, führt man den Beschluß aus, sonst läßt man ihn fallen.»

23. Essen und Trinken

Zum Thema ‹Essen und Trinken› hat Tac. nur Nahrungsmittel aufgeführt, die den Römern unbekannt waren: Getränke (aus Gerste, Weizen, Preiselbeeren oder Moosbeeren mit Zusatz von Porst, der als ‹Hopfen› diente, oder Honig gebraut), wildwachsendes Obst (d. h. Beeren, Haselnüsse, Holzäpfel), frisches Wild (frisch insofern, als der Römer den haut goût abwartete), gestockte Milch (Quarkkäse, Schlickermilch). Es ist müßig und heißt den Autor in seinen Absichten gründlich mißverstehen, wenn man nachrechnet, was er übergangen (z. B. Brot, Haferbrei, Fleisch der Haustiere, Geflügel, Eier, Butter, Fisch) oder unrichtig aufgefaßt hat (das meist aus Getreide hergestellte alkoholische Getränk, das durch zusätzliche Verwendung von Beeren Fruchtweingeschmack erhielt, ist ihm eine Art verpfuschter Wein). Je kärglicher er nämlich die Nahrung darstellte, um so stärker kam die Einfachheit und Anspruchslosigkeit der Germanen heraus; und darum ging es ihm ja: Einfachheit in allen Bereichen des täglichen Lebens, in Hausbau, Kleidung, Kindererziehung, Ernährung. Rein sachlich reichen hier sogar die Angaben Caesars (IV 1 und VI 22) weiter.

Von Speisen und Getränken handelt übrigens auch der einzig erhaltene, wörtlich überlieferte Satz des Poseidonios über die

Germanen (FGHist. A 87 F 22): «Sie lassen sich zum Mahl glied-
weise gebratenes Fleisch auftragen und trinken dazu Milch und
den Wein ungemischt.»

24. Waffentanz und Würfelspiel

Bei aufwendigen römischen Gastereien traten Tänzer, Mimen und
Gaukler zur Unterhaltung der Gäste auf. Daraus erklärt es sich,
daß Tac. nach seiner Darstellung der Gelage einen Abschnitt über
germanische S p i e l e bringt. Im kaiserlichen Rom gab es eine Un-
menge von Schaustellungen: Wagenrennen, Fechterspiele, Tier-
hetzen, Seegefechte, Possen, Trauer- und Lustspiele; viele waren
roh und schamlos (vgl. Kap. 19). Um nun auch auf diesem Gebiet
die Einfachheit der Germanen zu betonen, hebt Tac. nur eine einzige, immer gleiche Art von Spielen hervor, den W a f f e n t a n z.
Dieser war bei vielen alten Völkern üblich und hatte meist kul-
tisch-magische Bedeutung. Ob er auch bei den Germanen diesen
Sinn hatte oder nur kriegerisches Spiel war, geht aus den Worten
des Autors nicht hervor. Beeindruckt hat ihn vor allem die Tatsache, daß es in Germanien die Spieler nicht auf Erwerb und Verdienst abgesehen hatten wie in Rom die Berufsathleten und Gla-
diatoren. Im übrigen hatten die Germanen große Begeisterung
für sportliche Wettkämpfe (ahd. *spurt* ‹Rennbahn, Wettlauf›);
in klassischen deutschen Texten und Sagen wird vor allem das
Schwimmen genannt, aber auch Fechten, Weitsprung, Sprung über
Pferde, Steinstoß, Speerwurf, Schlagball.

Das wohl von den Römern übernommene W ü r f e l s p i e l sowie das Brettspiel sind durch Bodenfunde (kubische oder stan-
genförmige Würfel und Spielsteine aus Knochen und Bernstein)
nur spärlich bezeugt; in Rom war das Würfelspiel verboten. Wichtig sind für Tac. nicht die Würfelspiele als solche, sondern die
Auswüchse germanischer T r e u e (ahd. *triuwa, trūwa* ‹Treue›),
also etwas Ethisches. Auch der effektvolle Schluß soll nur die ethische Gesinnung unterstreichen; denn in Wirklichkeit ist gewiß bei
der starken Sippenbindung die Versklavung und der Verkauf
eines Spielverlierers nicht so leicht möglich gewesen (vgl. aber
Tac. Agr. 28 und 39). Bezeichnend für die germanische ‹Treue›
ist eine durch Tac. ann. XIII 54 überlieferte Episode: «Nach Rom
kamen einmal friesische Gesandte (um beim Kaiser Nero die Er-
laubnis zur Besiedelung eines unbewohnten Landstrichs zu er-
wirken). Unter den Dingen, die man Barbaren zeigt, durften sie

auch das Theater des Pompeius besuchen, um die Größe des Volkes zu sehen. Da ihnen die Spiele bei ihrer Ahnungslosigkeit kein Vergnügen bereiteten, erkundigten sie sich dort gelangweilt nach der Sitzordnung im Zuschauerrund, nach den Unterschieden der Ränge, wer Ritter sei, wo der Senat sitze, und bemerkten auf den Sitzreihen der Senatoren einige Männer in fremdländischer Tracht. Auf ihre Frage, wer diese denn seien, hörten sie, diese Ehre werde den Gesandten solcher Völker zuteil, die sich durch ihre Tapferkeit und Freundschaft für die Römer auszeichneten. Da riefen sie, niemand unter den Menschen übertreffe die Germanen in den Waffen und in der Treue – und stiegen hinunter und nahmen inmitten der Senatoren Platz.»

25. Sklaven und Freigelassene

In den vorausgehenden Abschnitten war mehrmals die Rede vom Leben der vornehmen und begüterten Germanen, die ihre Einkünfte hatten und sich nicht mit harter Feldarbeit plagen mußten; dafür waren die Knechte und die Abhängigen da. So war hinter dem Motiv ‹Verlust der Freiheit beim Würfelspiel› der gegebene Ort, auch von ihnen zu sprechen; bezeichnend ist aber, daß sich der Abschnitt gegen Ende wieder aufs politische Gebiet begibt.

Für die Verrichtung der häuslichen und landwirtschaftlichen Arbeiten sorgten (neben der Frau und den Kindern) die H a u s - s k l a v e n, unfreie Knechte und Mägde (ahd. *skalk, scalh* ‹Knecht›, *diorna, thiorna* ‹Magd›). Über dieses unfreie Gesinde hatte der Herr unumschränkte Verfügungsgewalt; denn hinter den Sklaven stand keine schützende Sippe. Sie waren rechtlos und nur eine Sache (ahd. *mana-houbit* ‹Mann-Kopf›), die der Herr verkaufen oder beseitigen konnte. Zahlreicher als diese Sklaven waren die (vielleicht unterworfenen) H ö r i g e n, die wie Pachtbauern eines Grundherrn eigenen Besitz, eigenes Haus und eigene Familie hatten und nur verpflichtet waren, den Boden weisungsgemäß zu bestellen und bestimmte Abgaben zu leisten. Sie sind Tac. aufgefallen, weil in Rom die Sklaven vermögensunfähig waren und vielfach nur ganz eng begrenzte Dienste in vornehmen Häusern zu verrichten hatten. Ein f r e i g e l a s s e n e r Knecht (ahd. *friláz*) hatte es sicher sehr schwer, sich wirtschaftlich selbständig zu machen; er begab sich deswegen zumeist wieder in den Schutz eines Freien. Zu vergleichbar überragenden Stellungen wie am Kaiserhof in Rom konnte er sowieso nicht aufrücken (erst in der frän-

kischen Zeit wird ein *seneskalk* ‹Altknecht› oder ein *marahskalk*
‹Pferdeknecht› ein hoher Amtsträger). Die Stellung der Freigelassenen ist für Tac. nach den trüben Erfahrungen der domitiani-
schen Zeit ein Gradmesser für die Freiheit: nur die Germanen,
die Feinde Roms, besitzen noch wirkliche Freiheit; Rom hat in
dieser Hinsicht seine Würde verloren und scheint von innen her
gefährdeter als von außen.

26. Anbau und Jahreszeiten

Sklave und Landwirtschaft sind für den Römer des 1. Jhs. benach-
barte Begriffe (wie für uns Arbeiter und Industrie), weil Sklaven
vielfach auf Gütern dienten; so ist es verständlich, daß Tac. an
den Abschnitt über die Sklaven einen über die Landwirtschaft an-
fügt. Als Überleitung verwendet er den Gedanken, daß man in
Germanien kein Geld auf Zinsen verleihen und deshalb aus Bo-
denspekulationen keinen Gewinn herausschlagen konnte. Die
Zinswirtschaft – trotz wiederholten Verbots bildete sich in Rom
ein Zinsfuß von 12 % heraus – führte nämlich viele Bauern in
immer tiefere Verschuldung oder gar zum Verlust des Hofes.

Kap. 26 ist ein vielbehandelter Abschnitt und bietet der Erklärung die größten Schwierigkeiten, vor allem deshalb, weil die
Abstimmung auf die diesbezügliche Darstellung Caesars (IV 1
und VI 22) nicht restlos aufgeht, dann, weil sich Tac. hier sehr
kurz faßt und zwischen Besitznahme (lat. *occupare*) und Nutzung einer bestimmten Anbaufläche nicht scharf unterscheidet.

In B e s i t z genommen, d. h. gerodet oder auch erobert, wurde
der Boden naturgemäß meist von einer größeren Siedlungsge-
meinschaft; die Ortsnamen auf -ing(en) weisen auf solche ver-
wandtschaftliche Siedlungseinheiten. Der gerodete Boden, die sog.
Schwende, war Allgemeinbesitz, wurde aber in ‹Landlose› aufgeteilt und den einzelnen Hausvorständen je nach Ansehen und Zahl
der Angehörigen zu längerer Nutzung zugewiesen; er begrün-
dete sogar ein gewisses Grundeigentum; vielleicht wurden die
Parzellen von Zeit zu Zeit wieder zusammengeworfen und neu-
verteilt. Tac. spricht hier aber hauptsächlich vom A n b a u auf den
einzelnen Parzellen. Weil ein Acker ohne künstliche Düngung
nicht jedes Jahr tragen kann, trieb man sog. Feldgraswirtschaft,
d. h. man nutzte ein Feld bald als Acker, bald als Wiese und
Weide: es blieb jeweils nur solange unter dem Pflug, bis der Boden nach einigen Ernten erschöpft war, dann ließ man wieder

Gras wachsen. Die Taciteische Formulierung ‹die Felder wechseln sie jährlich› ist zu eng und damals wirtschaftlich kaum möglich gewesen.

Diese einfache Feldgraswirtschaft – Mergeldüngung, Pflug und Egge erwähnt bei den einzelnen Stämmen nur Plinius XVII 47 u. XVIII 172 f – stellt Tac. dem intensiven Feld- und Gartenbau Italiens gegenüber. Der römische Bauer legt seinem Boden gewissermaßen Leistungen auf, wie ein Herr seinen Knechten; der Dichter Vergil sagt (Georgica I 99) von ihm: *imperat arvis* ‹er befiehlt den Ackerfluren›. Der Germane aber erwartet von der Erde nur, was sie von sich aus geben kann.

Aus den Worten des Tac. darf man keinen Agrarkommunismus herauslesen; wenn man es doch tut, muß man wissen, daß lediglich eine utopische Konstruktion der stoischen Philosophie vorliegt, die da meint, daß es im Naturzustand früher Völker noch keinen privaten Ackerbesitz gegeben habe (vgl. Seneca, Brief 90,3).

Daß die Angaben des Tac. nicht in allem mit den Nachrichten Caesars übereinstimmen, kommt daher, daß Caesar von wandernden Germanenstämmen spricht, deren Lebensweise er verallgemeinert, und daß er in seine Worte eine popularpolitische Verurteilung des römischen Großgrundbesitzes hineinlegt, während Tac. seßhafte Stämme im Auge hat und seine Worte in ganz anderer Absicht wählt.

Die Germanen zählten ursprünglich nur zwei J a h r e s z e i t e n : Winter und Sommer (ahd. *wintar* wohl ‹weiße Zeit› und *sumar* ‹Sommer›). Das Wort Herbst (ahd. *herbist*, vgl. gr. καρπός‹Frucht›) bezeichnete lange nur die Ernte und wurde erst spät zur Benennung einer Jahreszeit. Für die wachsenden Tage gab es das ahd. Wort *lenzo* (aus **lengzo* ‹länger werdende Tage›), ‹Frühling› wurde erst im 15. Jh. geprägt.

27. *Bestattung und Totentrauer*

Der Abschnitt über die germanischen Totenfeiern ist mit dem vorausgehenden motivlich nicht verbunden, steht aber (nach dem Vorbild der ethnographischen Literatur) sinnvoll am Ende des allgemeinen Teiles der Germania. Nochmals vergleicht hier Tac. germanische Haltungen mit entsprechenden römischen (es gibt bei den Bestattungen keine kostspieligen Aufwendungen, keine kunstvollen Grabdenkmäler, keinen Luxus, gegen den in Rom schon die ältesten Gesetze einschreiten mußten), nochmals stellt er die Urtümlichkeit und Einfachheit heraus (ohne Gepränge wird der Tote beigesetzt und nur ein Rasenhügel deckt sein Grab), nochmals weist er auf das kriegerische Ethos hin (jedem werden seine Waffen beigegeben), nochmals bringt er am Schluß eine philosophisch-gedankenreiche Aussage (wie sie sich ähnlich in Senecas Briefen 63 und 99 und in Trostschriften findet). Wie der Tod die Summe aus einem Menschenleben zieht, so dieses Kap. die Summe aus den Leitgedanken des Werkes.

Bei einem so gerundeten Schluß ist es unwesentlich, daß die gegenwärtige Archäologie zum Thema mehr sagen kann, z. B. daß es mehrere Grabformen gab (Grabfelder und Einzelgräber, Flachgräber, Hügelgräber, Brandgruben, Urnengräber, gelegentlich auch schon Skelettgräber), daß die Grabbeigaben entweder mitverbrannt oder erst nach der Verbrennung hinzugelegt werden konnten, daß in vielen Gebieten Waffen auffallend selten ins Grab mitgegeben wurden; unwesentlich ist auch, daß Tac. nichts berichtet über Bestattungsriten, Totenklage, Totenmahl und über die Jenseitsvorstellungen. Ihm kommt es auf einen stimmungs- und wirkungsvollen Abschluß an; sachlich ist aber sein Bericht für das 1. Jh. n. Chr. im ganzen ziemlich zutreffend.

II. Besonderer Teil

Die Erläuterungen zum zweiten Teil der Germania mußten sich auf die Leitgedanken des Autors beschränken; eine ausführliche Behandlung der vielfältigen stammeskundlichen und geschichtlichen Fragen würde ein eigenes Buch erfordern.

28–29. Keltische und germanische Völkerschaften an der Rhein- und Donaugrenze

Die Behandlung der Völkerschaften im Gebiet der Grenzflüsse knüpft an die schon in Kap. 1 erwähnte Rhein-Donaulinie an. Damit zeigt die Einleitung in den besonderen Teil der Germania eine schöne Parallelität zur Einleitung des allgemeinen Teiles. Tac. stellt vor allem drei Leitgedanken heraus: 1. Völkisch strittig sind nur die südlichen Ecken West- und Ostgermaniens (nämlich das Gebiet des Herkynischen Waldes und Dekumatlandes zwischen Oberrhein und Main sowie das Gebiet der illyri-

schen Oser und Aravisker am Donauknie im heutigen nordwest-
lichen Ungarn). 2. Die Grenzvölker links des Rheins sind auf ihr
Germanentum stolz und heben sich bewußt von den Galliern ab
(die Tac. als ‹tatenlos› und ‹leichtfertig› bezeichnet, weil sie sich
fremder Herrschaft gefügt haben). 3. Manche Stämme stehen mit
den Römern in einem lockeren Bündnis, wahren aber ihre Selb-
ständigkeit.

Für das Eindringen von K e l t e n in den germanischen Raum
beruft sich Tac. auf Caesar (VI 24), der sagt, daß die Gallier früher den Germanen an Tapferkeit überlegen gewesen seien und
deswegen, wie etwa die Helvetier und die Boier, auch rechtsrhei-
nische Gebiete eingenommen und besiedelt hätten. Die Alten
glaubten nämlich irrigerweise, daß Gallien die Urheimat und der
Ausstrahlungsherd der Kelten gewesen sei. Man kann aber zeigen, daß diese im 1. Jahrtausend vor allem im heutigen West- und
Südwestdeutschland saßen und von dort aus ihren Machtbereich
ausdehnten (Galliersturm auf Rom 387 v. Chr.), daß jedoch in
dieser Zeit auch die Germanen ständig nach Süden und Westen
vordrangen und die Kelten immer weiter zurückschoben, so daß
um die Zeitenwende etwa die Donau die G r e n z e zwischen beiden
Völkern bildete (vgl. S. 80). So sind die keltischen Helvetier, die
in der Gegend zwischen Rhein, Donau und Main (lat. *Moenus*)
siedelten, schon im 2. Jh. vor dem germanischen Druck in das
Gebiet der heutigen Nordwestschweiz zurückgewichen. Die östlich anschließenden keltischen Boier waren früher schon in das
nach ihnen genannte Böhmen (ahd. *Bēheima, Boihaemum* bedeutet Boierheimat) gezogen, wurden aber um 60 v. Chr. von ein-
fallenden Germanen verdrängt und versprengt; ein Teil schloß
sich den nach Gallien auswandernden Helvetiern an (Caesar I 5).

Das freigewordene Gebiet im heutigen Baden-Württemberg
blieb völkisch ein etwas strittiger Boden; Tac. meint, daß Gallier,
vielleicht nach ihrem vergeblichen Aufstand im J. 21 n. Chr., nach-
gerückt seien, und tatsächlich zeigen die Bodenfunde, daß damals
im Breisgau, im Quellgebiet der Donau und im Neckarland vor-
wiegend Kelten wohnten. Es handelt sich um das sonst nirgends
erwähnte D e k u m a t l a n d. Faßt man dieses Wort als lateinisch,
dann bedeutet es steuerrechtlich ‹zehntpflichtige Domäne› (oder
verwaltungstechnisch ‹unvermessenes Grenzland› oder landwirt-
schaftlich ‹Egarten- und Ödland›?), es kann aber ebensogut ein
unübersetzbarer keltischer Eigenname sein. Weil immer wieder
germanische Stämme nach Süden bis in das Dekumatland vor-

stießen, das schon unter Vespasian (69–79) für das Reich gewonnen wurde, sicherte es der von Tac. nicht genannte Domitian (81–96) durch Anlage eines Grenzweges (lat. *limes*), der vielleicht schon mit einem Sperrzaun versehen war und später dann weiter vorgeschoben und mit Wall und Graben verstärkt wurde. Zur Zeit der Abfassung der Germania verlief dieser L i m e s, geschützt von Truppenlagern, Kastellen und Wachtposten, von der Einmündung des Vinxtbaches in den Rhein ab über den Westerwald und Taunus nach Osten, umfaßte dann die Wetterau und führte in südlicher Richtung von Groß-Krotzenburg am Main entlang bis Wörth, dann über den Odenwald bis zur Jagstmündung, schließlich den Neckar aufwärts bis Cannstatt und noch etwas weiter. Im Süden wurde, vor allem unter Kaiser Trajan (98–117), ein Flechtwerklimes daraus, der über die Rauhe Alb ins Altmühl- und Donaugebiet führte und ein Jahrhundert später zur sog. Rätischen Mauer ausgebaut wurde.

Die von Tac. erwähnten und nach politischen Gesichtspunkten zusammengeordneten, zumeist linksrheinischen Stämme verteilten sich von Süden nach Norden etwa so: Die T r í b o k e r, ein suebischer Stamm, saßen im Wasgau bei Straßburg (lat. *Argentoratum*), die N é m e t e r und V a n g í o n e n, ebenfalls suebische Stämme, größtenteils in der Gegend von Speyer (lat. *Noviomagus*) und Worms (lat. *Borbetomagus*). Die von Domitian unterworfenen M a t t í a k e r setzten sich im Taunus und in der Wetterau um Wiesbaden (lat. *fontes Mattiaci* oder *aquae Mattiacae*) fest, weil dieser Raum von den Ubiern freigeworden war. Diese U b i e r saßen nämlich ursprünglich in der Ecke zwischen der unteren Lahn und dem Main und waren, als sie dem Suebendruck auswichen, wegen ihrer Treue zu Rom auf dem linken Rheinufer nördlich Bonn angesiedelt worden; Kaiser Claudius (41–54) legte in ihre Hauptstadt auf Betreiben seiner Gemahlin Agrippina im Jahre 50 n. Chr. eine römische Kolonie (*Colonia Claudia Ara Agrippinensium* oder kurz *Colonia Agrippina* ‹Köln›). Die T r e v e r e r siedelten an der unteren Mosel (*Augusta Treverorum* ‹Trier›) und waren schon sehr stark keltisiert; die N e r v i e r, berühmt durch ihren tapferen Widerstand gegen Caesar, saßen zwischen Maas und Schelde und waren eher keltische Belger als keltisierte Germanen. Die B a t a v e r, zwischen den Mündungsarmen des Rheins wohnend, hatten seit Caesar öfters auf der Seite der Römer gekämpft und genossen deswegen steuerliche Vorteile; seit Drusus gehörten sie zum Römerreich. Berühmt geworden sind sie durch ihren Aufstand unter Claudius Civilis in den Jahren 69/70 n. Chr., der aber keinen Erfolg hatte.

30–34. Westgermanische Stämme zwischen Rhein und Weser

Die Kap. 30–34 bilden geographisch und motivlich eine Einheit, geographisch deshalb, weil Tac. hier die wichtigsten Völkerschaften in dem Gebietsstreifen zwischen Rhein und Weser von Süden nach Norden aufführt und beschreibt – wobei er mangelhafte Nachrichten, z. B. im Kap. 32, etwas mit Rhetorik überdecken muß –, motivlich deshalb, weil er fast durchweg deren kämpferische Lebensform hervorhebt oder (in Kap. 34) von gefahrvollen Unternehmungen der Römer spricht. Das Kriegerische dieser Völker stellt er vielleicht so stark heraus, damit der Römer einsieht, warum militärische Operationen im angegebenen Gebietsstreifen ergebnislos verlaufen mußten, wie die des gehaßten und nicht erwähnten Domitian, und noch verlaufen müssen, wie die geplanten des Kaisers Trajan. Diese Völker bilden geradezu einen Wall; denn eines ist so tüchtig, daß seine Besonnenheit, Geschicklichkeit, Zucht und Festigkeit fast die der römischen Soldaten erreicht, eines verfügt über vorzügliche Reiter, die sich von der Jugend bis zum Alter üben, ein anderes ist gerade von feindlichen Nachbarstämmen in ein gigantisches Ringen verwickelt worden, und andere im hohen Norden sind römischem Unternehmungsgeist verschlossen, weil hier gewissermaßen der Ozean selbst eine Sperre bildet.

Entscheidend für die Auffassung des Autors ist die Stelle *urgentibus imperii fatis* (Kap. 33). Sah Tac. das römische Reich ‹durch Schicksalsfügung in schwerer Bedrängnis›, sah er gar den Fall Roms voraus? Oder denkt er nicht vielmehr an einen ‹vorwärtsdrängenden Schicksalslauf›? Aus seinen Worten spricht ja doch ein gewisser Stolz über die Geltung römischer Macht und die Genugtuung über einen vom Glück zugespielten Erfolg. Wenn in ihnen ein gewisses Bedauern mitschwingt, dann gewiß darüber, daß die guten Kräfte Roms schon so erschlafft sind, daß man im Reiche bereits auch auf die Laune des Glückes angewiesen ist.

Nun zu den genannten Völkerstämmen! Der schon dem Aristoteles bekannte Herkynische Eichenwald (vgl. Caesar VI 25) ist an sich das Deutsche Mittelgebirge, hier aber wohl nur das Querstück vom Spessart bis zum Weserbergland; er begleitet das Wohngebiet der Chatten (heute Hessen). Diese waren immer wieder mit den Römern zusammengestoßen und bildeten zur Zeit des Tac. den gefährlichsten Abschnitt in der germanischen Front. Ihr eigenartiger (gewiß nicht allgemeiner!) Kriegerbrauch läßt sich als Altersklassenweihung deuten: Ein junger Mensch muß sich der Aufnahme in die Gruppe der Männer erst würdig erweisen und sich bewähren. Er weiht sich der Tapferkeitsgottheit (dem Schlachtengott und Totenführer Wodan?), läßt zum äußeren Zeichen das Haar wild wachsen und trägt einen eisernen Ring. Erst wenn er durch Erlegung eines Feindes (oder durch eine andere Mutprobe?) sein Weihegelübde erfüllt hat, ist er ein echter Mann und ‹hat den Preis für sein Dasein bezahlt›. Eine Gruppe der älteren Mannschaft macht aus dem Tapferkeitsgelübde sogar eine Lebensaufgabe.

Die aus ihren Stammsitzen verdrängten U s i p e r (oder Usípeter) und T é n k t e r e r, ausgezeichnete Reiterstämme, versuchten sich am linken Ufer des Niederrheins anzusiedeln, wurden aber im J. 55 v. Chr. von Caesar zurückgeschlagen (Caes. IV 1–15) und sind schließlich auf der rechten Rheinseite im Gebiet der im J. 8 v. Chr. von den Römern zwangsweise ausgesiedelten Sugambrer zwischen Lahn und Lippe zur Ruhe gekommen.

Den Kampf zwischen den B r ú k t e r e r n und ihren Nachbarstämmen um 97 n. Chr. konnten die Römer vom Legionslager Castra Vetera bei Xanten aus wie ein Gladiatorenschauspiel beobachten, mit Schadenfreude, weil die Brukterer unter Arminius und Civilis gegen sie gefochten hatten. Übrigens ist der Stamm damals keineswegs aufgerieben worden, denn er siedelte weiterhin im Gebiet zwischen Lippe und oberer Ems.

Die C h a m a v e n saßen an der oberen Ijssel (Niederlande), die A n g r i v a r i e r an der mittleren Weser, die D u l g u b i n e r (oder Dulgubnier) an der Aller, die C h a s u a r i e r an der Hase, dem rechten Nebenfluß der Ems, die F r i e s e n an der Nordseeküste zwischen der Zuidersee (bis zur Sturmflut im J. 1287 noch eine Vielzahl von Seen) und der Ems; sie wurden 12 v. Chr. von Rom abhängig, empörten sich 28 n. Chr. wegen maßloser Tributforderungen, wurden 47 wieder unterworfen und beteiligten sich am Aufstand der Bataver.

Mit den von Tac. erwähnten Unternehmungen im Nordseegebiet bis zu den ‹Säulen des Hercules› (wahrscheinlich Helgoland) kann die Fahrt des Drusus im J. 12 v. Chr. von der Zuidersee durch den neugebauten Kanal *Fossa Drusiana* zur Ems oder die des Tiberius im J. 5 n. Chr. bis zum Kattegat gemeint sein, kaum die Fahrten des Germanicus im J. 15 und 16 n. Chr.

Hinter dem eben behandelten Völkerstreifen rechts des Rheins
stößt man auf eine zweite Völkerreihe, die an der unteren Weser
und an der Nordseeküste entlang nach Nordosten hin siedelt –
auch die jütische Halbinsel, die Tac. zu diesem Gebiet nimmt,
verlief nach Meinung der alten Geographen von der Wesermün-
dung ab nach Nordosten. Diese zweite Völkerreihe bringt Tac.
in einen Gegensatz zur ersten: hier wohnen, in sich wiederum
einen Gegensatz bildend, friedfertige oder lässige oder nunmehr
bedeutungslose Völker, nicht mehr gefährliche Gegner Roms. An
ihnen zeigt er ferner beispielhaft einige Grundbedingungen von
Völkerschicksalen überhaupt.

Die Chauken saßen zu beiden Seiten der unteren Weser.
Plinius (XVI 2–4) schildert sie so:

«Selbst gesehen habe ich den Stamm der Chauken (an der unteren Weser), die die großen und die kleinen genannt werden.
In gewaltiger Strömung kommt da der Ozean zweimal innerhalb
eines Tages und einer Nacht in Bewegung, ergießt sich auf ein
ungeheures Gebiet und bedeckt einen in der Natur ewig strittigen
Bereich, bei dem man zweifeln kann, ob er ein Teil des Landes
oder des Meeres ist. Dort behaupten sie – dieses arme Volk! –
hohe Erdhügel oder von Menschenhand aufgeschichtete Plattfor-
men, die dem erfahrungsgemäß höchsten Flutstand entsprechen;
in ihren daraufgesetzten Hütten gleichen sie somit Seefahrern,
wenn die Wassermassen die Umgebung bedecken, aber Schiff-
brüchigen, wenn sie wieder zurückgewichen sind. Um ihre Hütten
herum machen sie Jagd auf die mit dem Meer davonziehenden
Fische. Sie haben keine Möglichkeit, Vieh zu halten und sich
ebenso von Milch zu ernähren wie die Nachbarn, ja nicht einmal
gegen wilde Tiere zu kämpfen, weil alles Gesträuch weit und
breit fehlt. Aus Schilfgras und Sumpfbinsen flechten sie die
Stricke für ihre Netze zum Fischfang. Den mit der Hände Arbeit
gewonnenen Torf trocknen sie mehr durch den Wind als durch
die Sonne und wärmen mit dieser Erdart ihre Speisen und ihren
vom Nordwind steifen Leib. Ihr Getränk besteht lediglich aus
Regenwasser, das in Gruben im Vorraum des Hauses aufbewahrt
wird. Und genau diese Stämme schimpfen, sie würden Sklaven,
falls sie heute vom römischen Volk besiegt werden sollten! Es
ist tatsächlich so: viele verschont das Schicksal zu ihrer eigenen
Strafe.»

Tac., der das Gebiet der Chauken viel größer annimmt, hebt (trotz ihrer Seeräuberei!) ihre Gerechtigkeit, Zufriedenheit und Friedlichkeit hervor. Zu den Römern verhielten sich die Chauken ähnlich wie die Friesen.

Die Cherusker waren zu Beginn des Jahrhunderts unter Arminius – erinnert Tac. seine Leser bewußt nicht an ihn? – die Seele des Widerstands gegen Rom, dann verloren sie, geschwächt durch innere Zwistigkeiten und Kämpfe mit den Nachbarstämmen, insbesondere mit den Chatten, immer mehr an Bedeutung, um 100 n. Chr. bewohnten sie noch ein ausgedehntes Gebiet zu beiden Seiten der mittleren Weser.

Auch die Kimbern (gemeint sind die verbliebenen Stammesreste) waren damals unbedeutend, und doch hatten einst, als sie gegen Ende des 2. Jhs. v. Chr., verbündet mit den Teutonen und Ambronen, von Jütland auswanderten und im mittleren und südlichen Europa neue Wohnsitze suchten, die berühmtesten Heerführer gegen sie aufgeboten werden müssen, ein Cn. Papirius Carbo (113 bei Noreia in der Steiermark), ein Q. Lutatius Catulus und C. Marius (102 bei Aquae Sextiae in der Provence und 101 bei Vercellae in Norditalien).

Seit damals, d. h. seit 210 Jahren (von 113 v. Chr. bis 98 n. Chr., dem mutmaßlichen Abfassungsjahr der Germania), schlug man sich schon mit den Germanen herum, ohne Erfolg; es waren fast nur Niederlagen zu verzeichnen: 107 v. Chr. unterlag L. Cassius Longinus den helvetischen Tigurinern an der Garonne, 105 M. Aurelius Scaurus den Kimbern an der Rhône sowie Cn. Maximus Mallius und Q. Servilius Caepio bei Arausio (heute Orange), 16 der Legat M. Lollius den Sugambrern (was Tac. übergeht), 9 n. Chr. P. Quintilius Varus den Cheruskern im Teutoburger Wald. Erfolge konnten lediglich der große C. Iulius Caesar 58 v. Chr. gegen Ariovist und 55 gegen die Usipeter und Tenkterer und in den Jahren 12 v. Chr. bis 16 n. Chr. dann Drusus, Tiberius und Germanicus erzielen. Kaiser Caligula hat sich 39/40 durch seinen Scheinfeldzug gegen einige Germanen seiner Leibwache bloß lächerlich gemacht (vgl. Sueton, Calig. 43–47), die Thronwirren von 69/70 haben den Aufstand der Bataver mitverschuldet, und der verhaßte Domitian hat auch mehr Triumphe gefeiert als Siege errungen. Eine betrübliche Bilanz also, wenn man die nächstgefährlichen Gegner Roms betrachtet, die Parther: Gegen sie hatte zwar M. Licinius Crassus 53 v. Chr. bei Carrhae in Mesopotamien Sieg und Leben verloren, aber schon 15 Jahre später konnte der frühere Maultiertreiber und Emporkömmling P. Ventidius Bassus ihren König Pacorus überwinden.

Wie bezeichnend, daß Tac. diesen Rechenschaftsbericht über das Kräftespiel zwischen Rom und Germanien genau in die Mitte des stammeskundlichen Teils seiner Schrift gestellt hat!

38. Kennzeichen und Verbreitung der Sueben

In der zweiten Hälfte des stammeskundlichen Teils der Germania behandelt Tac. die Sueben. Zu ihnen rechnet er fast alle ostgermanischen Stämme zwischen Donau und Ostsee (in Kap. 45 ‹Suebisches Meer› genannt) einschließlich der skandinavischen, also ein sehr umfängliches Gebiet. Offenbar möchte er auf diese Weise im stammeskundlichen Teil zwei annähernd gleich große Abschnitte gewinnen: Westgermanen (Kap. 30–37) und Sueben (Kap. 38–45). Zu diesem Zweck hält er sich an ein älteres geographisches Einteilungsschema; nach diesem wohnten nämlich einst im weiten Norden Kelten und Skythen (oft als Keltoskythen zusammengenommen). Als man aber die Völker genauer kennenlernte, spaltete man (Poseidonios?) begrifflich von den Kelten die Germanen und von den Skythen die Sueben ab. Die vom Rhein aus erschlossenen Stämme galten als Germanen, die von der Donau aus erkundeten als Sueben. Die Zuweisung der Sueben zu den Germanen erfolgte wohl erst durch Caesar.

Das gemeinsame Kennzeichen der Sueben (germ. *Suēboz) war nach Tac. und nach Ausweis römischer Bildwerke (z. B. der Trajanssäule und rheinischer Grabsteine) das zumeist auf der rechten Schläfe zusammengeknotete lange H a a r. Der Kern der suebischen Völkergruppe saß ursprünglich östlich der mittleren E l b e, Teilstämme (z. B. die Sueben Ariovists, die Triboker, Nemeter und Vangionen, dann auch die Markomannen und Quaden) stießen im 1. Jh. v. Chr. immer wieder in die Keltengebiete am Oberrhein und nördlich der oberen Donau vor. Im 3. Jh. n. Chr. überschritt der Hauptstamm der Alemannen und späteren Schwaben den Limes und besiedelte das Dekumatland, das Elsaß und die Nordschweiz.

39–40. Die Sueben im Innern Germaniens

Die Gruppe der suebischen Stämme schließt Tac. von der Landesmitte her auf. Das hat einen tieferen Grund: hier leben Stämme mit einem bedeutenden religiösen Zentrum. An ihnen ließ sich, wie schon in der Mitte des ersten allgemeinen Teils, das für einen Römer so Fremde und Schaurige germanischer Religionsübung aufzeigen; die Mitte Germaniens ist zugleich auch das Adyton ihres Glaubens.

In diesem Raum leben, von Süden nach Norden aufgezählt, drei große Völker: im Flußgebiet der Havel und Spree die S e m - n o n e n , die älteste und angesehenste Völkerschaft (großenteils die späteren Alemannen, deren Einteilung in 100 Gaue Tac. von Caesar IV 1 übernimmt); zu beiden Seiten der unteren Elbe, die (wirklich suebischen?) L a n g o b a r d e n , ein kühnes Kriegervolk; im jütisch-schleswig-holsteinischen und nordmecklenburgischen Gebiet die sieben ingävonischen ‹Nerthusvölker› (R e u d i g n e r , A v i o n e n , A n g e l n , V a r i n e r , E u d o s e n , S u a r d o n e n und N u i t o n e n). Die Semnonen und die Nerthusvölker sind sich ähnlich, aber gerade in ihrer Religion wieder recht verschieden: jene verehren eine männliche, allbeherrschende unnahbare Gottheit, der man noch Menschenopfer darbringt, diese eine weibliche, segenspendende, friedliche Gottheit, die zu frohem Feste bei den Menschen einkehrt.

Obwohl Tac. hier wertvollste, sonst nirgends überlieferte Nachrichten ausbreitet, enthält seine Darstellung doch mehr Rätsel als Antworten – viele Fragen konnte er als antiker Mensch noch gar nicht stellen und vielleicht wollte er bewußt den Eindruck des Geheimnisvollen hervorrufen. Ist die S e m n o n e n g o t t h e i t der einstige Himmelsgott Ziu, wie am wahrscheinlichsten, oder Wodan oder ein anderes göttliches *numen?* Welchen Sinn hatte der Kult, welchen Ritus die Feier? Wer wurde für das Menschenopfer genommen, ein Gefangener, ein Unfreier, ein Auserwählter? Wo lag der Hain der Gefesselten? N e r t h u s (vgl. anord. *Njördr*), die ‹Mutter Erde› und wohl die Gattin des alten Himmelsgottes Ziu, trägt alle Kennzeichen einer alten vanischen Fruchtbarkeitsgöttin (Umfahrt, Kühe); ihren Kult beschreibt Tac. aber nach dem Vorbild einer ähnlichen Feier der phrygischen Magna Mater oder Kybele in Rom, deren Bild man jedes Frühjahr zu einer sakralen Waschung geleitete. War ihr Einzug ins Land letztlich ein ‹Brautzug›, verbunden mit einer ‹heiligen Hochzeit› des göttlichen Paares? Vertrat der Priester ihren Gatten? Wie merkte der Priester die Anwesenheit der Göttin, etwa am Aufkeimen einer bestimmten Pflanze? Befand sich auf dem Wagen das Bild der Göttin selbst oder nur ein Fetisch? Wurden die dienenden Sklaven versenkt, damit das Geheimnis gewahrt blieb, oder wurden sie der Göttin geopfert? Welche ‹Insel des Ozeans› barg die heiligen Geräte? Gab es mehrere Gegenden mit solchen Umzügen?

41–42. Die Sueben links der Donau

Tac. geht nun die Donau abwärts und berichtet über die links liegenden suebischen Völker. Dieser Völkerstreifen bildet gleichsam die südliche Frontseite Germaniens – die Elbe als östliche Reichsgrenze zu erreichen hatten die Römer längst aufgegeben. Deshalb bespricht Tac., ähnlich wie schon bei den Völkern an der Rheinfront, vor allem ihre Einstellung zu Rom: die einen sind freundlich und treu ergeben, andere tapfer und stark, aber – damit kommt ein neuer Zug in die Darstellung – zur Abhängigkeit neigend. Die D o n a u g r e n z e ist also wenig gefährdet: die Hermunduren dürfen sie überall ungehindert überschreiten, sie schauen sich zwar den römischen Luxus an, begehren ihn aber nicht; die Markomannen und Quaden sind zwar mächtig, aber ihr Freiheitssinn ist nicht sehr lebendig, ‹sie lassen sich auch stammfremde Könige gefallen› (vgl. Tac. ann. II 62 f.).

Die von Rom unabhängigen, aber wohl nicht so ganz romfreundlichen H e r m u n d u r e n siedelten zur Zeit des Tac. in einem breiten Streifen von der Donau über den Thüringer Wald bis zur mittleren Elbe hin (nur früher bis zum Elbursprung); ihr Name ist in ‹Thüringen› erhalten. Die N a r i s t e r (oder Varister) saßen nördlich von Castra Regina (Regensburg) im Regen- und Naabgebiet. Die M a r k o m a n n e n wurden 9 v. Chr. von ihrem König Marbod aus dem heutigen Nordbayern in das von den keltischen Boiern geräumte Böhmen geführt (vgl. Kap. 28), wo sie den Römern unter Kaiser Marcus Aurelius (166–180) schwer zu schaffen machten; im 5./6. Jh. wanderten sie als Baiovarii in das heutige Südbayern ein. Die lange mit den Markomannen verbündeten Q u a d e n – ihr Königsgeschlecht Tuder ist nicht weiter bekannt – saßen im March-Waag-Gebiet, später schlossen sie sich den Wandalen an.

43. Die Sueben im Osten

Der erste Abschnitt dieses Kapitels bildet lediglich einen Anhang zum vorigen, weil hier nur einige Stämme strittigen Volkstums aufgezählt werden: die M a r s i g n e r, wahrscheinlich im Quell-

gebiet der Elbe in Nordböhmen, die B u r e r im Quellgebiet der
Oder und Weichsel, dann die keltischen K o t i n e r an der oberen
Gran im slowakischen Erzgebirge und die illyrischen O s e r an der
Granmündung und am Donauknie, denen die Quaden und Sarmaten (Jazygen zwischen Donau und Theiß) Tribute aufbürden.
Bedeutsam ist eigentlich nur, daß jetzt ein Motiv, das in Kap. 42
bereits aufklang, vernehmlicher wird: manche Völker geben zu
wenig auf ihre Freiheit; die Kotiner schürfen zwar Eisen, schmie-
den aber keine Waffen zur Verteidigung der Freiheit. Dieses Motiv wird nun immer stärker hervortreten; die Stellung der einzelnen Völker zur Freiheit ist bei Tac. geradezu das Kennzeichen für
die Echtheit ihres Germanentums.

Hinter einem trennenden Bergzug, den Sudeten, wohnen dann
von der oberen und mittleren Oder über das polnische Mittelgebirge zur oberen Weichsel hin die Völkerschaften der L u g i e r
(der später so berühmten Wandalen der Wanderzeit), die H a -
r i e r , H e l v e k o n e n , M a n i m e r , H e l i s i e r und N a h a (n a) r -
v a l e r (oder wohl auch Silingen). Von zweien dieser Völker berichtet Tac. – die Kunde stammt gewiß von Kaufleuten, die auf
der Bernsteinstraße zur Ostsee zogen – auffallende und in Kap.
40 und 31 schon anmotivierte Bräuche: Die Nahanarvaler verehren seit alters in einem Hain (Zobtenberg in Schlesien?) ein
göttliches Brüderpaar, das die Römer den hilfreichen Zeussöhnen
Castor und Pollux gleichsetzen, die A l k e n . Wahrscheinlich sind
das die ‹Elche›, die (noch vor Einführung des Pferdes!) den
Sonnenwagen zogen und mit ihrem Geweih die lichten Sonnen-
strahlen symbolisierten, die schließlich vermenschlicht und zu
‹Lenkern des Elchgespanns› umgedeutet wurden. Welche Aufgabe
hatte da der Priester in weiblicher Tracht? Die Harier am Ober-
lauf der Oder, vielleicht gar kein Stamm, sondern nur ‹Heeres-
angehörige› (vgl. got. *harjis* ‹Heerschar›), suchen durch ihren
schaurigen Aufzug ein Geister- und Totenheer (das wilde Heer
des Totengeleiters Wodan?) darzustellen und den Kampf magisch
zu beeinflussen.

44–45. Die Sueben im Norden

Die knappen Angaben über die G o t o n e n oder Goten, die aus
Südschweden herübergekommen waren und damals, kurz bevor
sie ihren großen Wanderzug unternahmen, an der unteren Weichsel saßen, sowie über die R u g i e r und L e m o v i e r in Ost- und

Westpommern gehören eigentlich noch zum vorausgehenden Kapitel.

Erst nach ein paar Zeilen bringt Tac. eine letzte Suebengruppe, die ‹Seevölker› im hohen Norden, wo der Rand der Erdscheibe, wie er meint, der Sonne näher ist. Es sind das auf den Inseln im Meer – Scadinavia (noch ohne n) stellte man sich gewöhnlich als Insel vor – die Stämme der Suionen im südlichen Schweden (worin ihr Name weiterlebt), dann die Aestier in Samland, Kurland und Livland, die späteren Altpreußen, Litauer und Letten, also keine germanischen, sondern baltische Völker (die ihren Namen auf die Esten übertragen haben), und schließlich die Sitonen irgendwo weit oben, vielleicht in Finnland.

Die Nachrichten über diese Völker am Rande der Welt, wo das träge Eismeer liegt, wo die Mitternachtssonne scheint, wo die Schöpfung zu Ende ist, waren im 1. Jh. n. Chr. gewiß überaus dürftig. Es hat deshalb gar keinen Sinn, dem Autor hier Richtiges und Falsches gegeneinander aufzurechnen. Eher muß man sich wundern, wieviel er dem kärglichen Material doch abgewinnt, und zwar dadurch, daß er vor allem naturwissenschaftlich-technische Beobachtungen einbaut über die segellosen Schiffe der Suionen mit ihren gleichen Vorder- und Achtersteven, über den Schein der Mitternachtssonne und des Polarlichts, über Entstehung, Gewinnung, Handel und Wesen der Bernsteinknollen (germ. *glēsum*, ahd. *glas* ‹Schmelzstein› wurde später auf das von den Römern eingeführte Glas übertragen), dann auch dadurch, daß er immerhin einige ethnographische Tatsachen einstreut über die Aestier mit ihrem der Nerthusreligion verwandten Glauben, nicht zuletzt dadurch, daß er das ethische Motiv von der steigenden Unfreiheit in Königsherrschaften (sog. *climax regia*) einarbeitet. Sie reicht von der Alleinherrschaft eines Mannes und der Aufsicht eines Sklaven über die Waffen (entweder kultisch bedingt oder nur für den Königshof geltend) bis zur Herrschaft eines Weibes (vielleicht der Nachklang eines mutterrechtlichen Zustandes).

Im ganzen ergibt sich das Bild einer Welt, in der die Bewohner immer armseliger und ‹unmenschlicher› werden, je weiter man vordringt: die Suionen haben noch technisch-praktischen Sinn, beugen sich aber in ihrem Streben nach Reichtum einem Despoten, die Aestier sind zwar fleißige Bauern, kämpfen aber noch mit Knütteln und stehen dem Bernstein verständnislos gegenüber, die Sitonen fügen sich in die Knechtschaft vor einer Frau.

Das Schlußkapitel des stammeskundlichen Teils steht in Beziehung zu den einleitenden Abschnitten (Kap. 28–29); hier wie dort werden Völker strittiger Zugehörigkeit behandelt. Ferner setzt es das oben eingeführte Hauptmotiv fort: die Völker an den äußersten Grenzen werden immer primitiver und tierhafter. Über drei Stufen führt Tac. den Leser dabei in die völlige Wildheit: die P e u k i n e r an der Donaumündung (ein Stamm der den Griechen und Römern gutbekannten Bastarner im Pruth-Dnjestr-Gebiet) sind wohl noch Germanen, aber schon verwahrlost, dumpf und den häßlichen nomadischen Sarmaten ähnelnd; die wohl illyrischen (also entgegen Tac. nichtgermanischen) V e n e t h e r oder Veneder zwischen mittlerer Weichsel und Bug (die nach ihrem Wegzug ihren Namen den nachrückenden slavischen Wenden hinterlassen haben) durchstreifen als barbarische Räuberhorden riesige Gebiete; die F e n n e n (nichtindogermanische Lappen irgendwo von der Ostsee bis zum hohen Norden) leben in gänzlicher Naturhaftigkeit und Geschichtslosigkeit, aber auch Zufriedenheit dahin.

Am Ende der Welt gibt es dann – ein Topos der Ethnographie – nur noch wundersame, märchenhafte Wesen (Seehunde?), wie sie Schiffbrüchige, etwa die Soldaten des Germanicus, geschildert haben mochten (vgl. Tac. ann. II 24), und nur noch Unerforschtes und Unerforschbares.

BIBLIOGRAPHIE

Im Jahre 1900 erschien, besorgt von M. Rödiger, der 4. Band aus K. Müllenhoffs bedeutender ‹Germanischer Altertumskunde›. Er bot eine mustergültige Sichtung, Zusammenfassung und Weiterführung der bis dahin geleisteten Arbeit zur Erklärung der ‹Germania› des Tacitus. Deshalb sind in das folgende Literaturverzeichnis fast nur solche Bücher und Zeitschriftenaufsätze, insbesondere der klassischen Philologie, aufgenommen, die nach 1900 entweder neue Deutungen versucht oder die wissenschaftliche Kontroverse vorangetrieben oder bequeme Zusammenfassungen gebracht haben. Die üblichen Handbücher und philologischen Hilfsmittel, textkritische Untersuchungen und Spezialabhandlungen zu einzelnen Kapiteln sind nicht aufgeführt; deutschtümelnde und ideologisch belastete Darstellungen wurden absichtlich ausgeschlossen.

Rom und Germanien

F. Koepp, Die Römer in Deutschland (Monographien zur Weltgeschichte 22). Bielefeld und Leipzig ³1926

G. Walser, Caesar und die Germanen, Studien zur politischen Tendenz römischer Feldzugsberichte (Historia, Einzelschriften Heft 1). Wiesbaden 1956

R. Chevallier, Rome et la Germanie au Ier siècle de notre ère (Collection Latomus 53). Brüssel 1961

W. John, P. Quinctilius Varus. Paulys Real-Encyclopädie der klassischen Altertumswissenschaft XXIV (Stuttgart 1963) 907–984

H. Schönberger, The Roman Frontier in Germany. An Archaeological Survey: The Journal of Roman Studies LIX (1969) 144–197

A. Riese, Das rheinische Germanien in der antiken Literatur. Leipzig–Berlin 1892

–, Das rheinische Germanien in den antiken Inschriften. Leipzig–Berlin 1914

K. Schumacher, Siedelungs- und Kulturgeschichte der Rheinlande, 3 Bde. Mainz 1921–25

W. Capelle, Das alte Germanien, Die Nachrichten der griechischen und römischen Schriftsteller. Jena 1929

G. Rudberg, Zum antiken Bild der Germanen, Studien zur ältesten Germanenliteratur (Avhandlinger utgitt av Det Norske Videnskaps-Akademi i Oslo, II. Hist.-filos. klasse 1933, No. 5). Oslo 1933

S. Gutenbrunner, Germanische Frühzeit in den Berichten der Antike (Handbücherei der Deutschkunde, Band 3). Halle 1939

H. Haas, Die Germanen im Spiegel der römischen Dichtung vor und zur Zeit des Tacitus: Gymnasium 54/55 (1943/44) 73–114

Werk und Gedankenwelt des Tacitus

R. Reitzenstein, Tacitus und sein Werk: Neue Wege zur Antike 4 (Leipzig–Berlin ²1929) 1–32

E. Fraenkel, Tacitus: Neue Jahrbücher für Wissenschaft und Jugendbildung 8 (1932) 218–233

F. Klingner, Tacitus: Die Antike 8 (1932) 151–169; auch in: Römische Geisteswelt (München ³1956) 451–474

E. Howald, Vom Geist antiker Geschichtsschreibung. München–Berlin 1944, ²1964 (Tacitus: S. 193–229)

R. Syme, Tacitus, 2 Bde. Oxford 1958

St. Borzsák, P. Cornelius Tacitus. Paulys Real-Encyclopädie ... Suppl. XI (Stuttgart 1968) 373–512

R. v. Pöhlmann, Die Weltanschauung des Tacitus: Sitzungsberichte der Königl. Bayer. Akademie der Wissenschaften, Philos.-philol. und histor. Klasse 1910, 1. Abhandlung

H. Drexler, Tacitus, Grundzüge einer politischen Pathologie. Frankfurt/M. 1939

A. Briessmann, Tacitus und das flavische Geschichtsbild (Hermes, Einzelschriften 10). Wiesbaden 1955, ²1961

J. Vogt, Die Geschichtsschreibung des Tacitus, ihr Platz im römischen Geschichtsdenken und ihr Verständnis in der modernen Forschung: Orbis, Ausgewählte Schriften zur Geschichte des Altertums (Freiburg 1960, urspr. Stuttgart 1957) 128–148

F. Klingner, Tacitus und die Geschichtsschreiber des 1. Jahrhunderts n. Chr.: Museum Helveticum 15 (1958) 194–206

R. Syme, Tacitus und seine politische Einstellung: Gymnasium 69 (1962) 241–263

R. Häussler, Tacitus und das historische Bewußtsein. Heidelberg 1965

H. Haas, Virtus Tacitea: Gymnasium 49 (1938) 163–180

W. Jens, Libertas bei Tacitus: Hermes 84 (1956) 331–352 (bes. 349 ff.)

Gattung und Absicht der Germania

E. Wolff, Das geschichtliche Verstehen in Tacitus' Germania: Hermes 69 (1934) 121–166; jetzt in: Römertum (Wege der Forschung 18, hg. von H. Oppermann) 299–358

F. Dirlmeier, Die Germania des Tacitus, Versuch einer Deutung: Die Alten Sprachen 2 (1937) 37–48

H. Drexler, Die Germania des Tacitus: Gymnasium 59 (1952) 52–70

H. Nesselhauf, Tacitus und Domitian: Hermes 80 (1952) 222–245 (bes. 234 ff.)

O. Hiltbrunner, Latina Graeca, Semasiologische Studien über lateinische Wörter im Hinblick auf ihr Verhältnis zu griechischen Vorbildern. Bern 1958 (bes. 77–80)

K. Christ, Germanendarstellung und Zeitverständnis bei Tacitus: Historia 14 (1965) 62–73

Quellen und ethnographische Tradition

A. Gudeman, The Sources of the Germania of Tacitus: Transactions and Proceedings of the American Philological Association 31 (1900) 93–111

E. Wölfflin, Die Nachahmung in der lateinischen Prosa: Archiv für lateinische Lexikographie und Grammatik 12 (1902) 114–124

F. Stein, Tacitus und seine Vorgänger über Germanische Stämme. Schweinfurt 1904

K. Eymer, Cäsar und Tacitus über die Germanen: Jahrbücher für das klassische Altertum, Geschichte und deutsche Literatur und für Pädagogik 32 (1913) 24–47

K. Trüdinger, Studien zur Geschichte der griechisch-römischen Ethnographie. Diss. Basel 1918 (bes. 146–170)

E. Norden, Die germanische Urgeschichte in Tacitus' Germania. Leipzig–Berlin 1920, 3 1923, Stuttgart 4 1959

G. Wissowa, Die germanische Urgeschichte in Tacitus' Germania: Neue Jahrbücher für das klassische Altertum, Geschichte und deutsche Literatur 47 (1921) 14–31

F. Gisinger, Geographie: Paulys Real-Encyclopädie, Suppl. IV (Stuttgart 1924) 521–685

E. Mayer, Das antike Idealbild von den Naturvölkern und die Nachrichten des Caesar und Tacitus: Zeitschrift für deutsches Altertum und deutsche Literatur 62 (1925) 226–232

W. Capelle, Die Germanen im Frühlicht der Geschichte (Das Erbe der Alten II 15). Leipzig 1928

–, Zu Tacitus' Archäologien: Philologus 84 (1929) 349–367, 464–493

F. Pfister, Tacitus und die Germanen: Würzburger Studien zur Altertumswissenschaft, 9. Heft: Studien zu Tacitus (Stuttgart 1936) 59–93 (bes. 73–88)

P. Thielscher, Das Herauswachsen der ‹Germania› des Tacitus aus Cäsars ‹Bellum Gallicum›. Das Altertum 8 (1962) 12–26

R. Vischer, Das einfache Leben; Wort- und motivgeschichtliche Untersuchungen zu einem Wertbegriff der antiken Literatur. Göttingen 1965 (bes. 97–125)

Erklärung und Kommentierung der Germania

A. Althamer, Commentaria Germaniae in P. Cornelii Taciti equitis Romani libellum de situ, moribus et populis Germanorum. Nürnberg 1529, ²1536

A. Holtzmann, Germanische Alterthümer mit Text, Übersetzung und Erklärung von Tacitus' Germania, hg. von A. Holder. Leipzig 1873

A. Baumstark, Ausführliche Erläuterung des allgemeinen Theiles der Germania des Tacitus. Leipzig 1875

–, Ausführliche Erläuterung des besonderen völkerschaftlichen Theiles der Germania des Tacitus. Leipzig 1880

K. Müllenhoff–M. Roediger, Deutsche Altertumskunde, 4. Bd.: Die Germania des Tacitus. Berlin 1900, neuer, vermehrter Abdruck 1920

A. Gudeman, P. Cornelii Taciti de Germania. Berlin 1916, Boston 1928

E. Fehrle, Publius Cornelius Tacitus, Germania, herausgegeben, übersetzt und mit Erläuterungen versehen. Heidelberg 1929; 5. überarbeitete Aufl. bes. von R. Hünnerkopf, Heidelberg 1959

W. Reeb, Tacitus Germania; mit Beiträgen von A. Dopsch, H. Reis, K. Schumacher. Leipzig und Berlin 1930, ²1939

R. P. Robinson, The Germania of Tacitus, A Critical Edition (Philological Monographs publ. by the American Philological Association 5). Middletown, Connecticut 1935

R. Much, H. Jankuhn, W. Lange, Die Germania des Tacitus. Heidelberg ³1967

J. G. C. Anderson, Cornelii Taciti De origine et situ Germanorum. Oxford 1938

V. Bongi, Tacito, Germania. Firenze 1946, ⁴1960

H. Schulz, Cornelii Taciti De origine et situ Germanorum, Lehrerkommentar. Frankfurt–Berlin–Bonn 1961

J. Forni, F. Galli, Taciti De origine et situ Germanorum liber. Roma 1964

G. Kettner, Die Composition des ethnographischen Teils der Germania des Tacitus: Zeitschrift für deutsche Philologie 19 (1887) 257–274

G. Bielefeld, Der kompositorische Aufbau der Germania des Tacitus: Festschrift Max Wegner (Münster 1962) 44–54

K. Zeuss, Die Deutschen und die Nachbarstämme. München 1837

R. Much, Deutsche Stammeskunde. Berlin ³1920

F. Frahm, Die Entwicklung des Suebenbegriffs in der antiken Literatur: Klio 23 (1930) 181–210

L. Schmidt, Geschichte der deutschen Stämme bis zum Ausgang der Völkerwanderung: Die Ostgermanen, München ²1934; Die Westgermanen 1. und 2. Teil, München ²1938 und 1940

R. v. Uslar, Archäologische Fundgruppen und germanische Stammesgebiete vornehmlich aus der Zeit um Christi Geburt: Histor. Jahrb. 71 (1952) 1–36

E. Schwarz, Germanische Stammeskunde (Germanische Bibliothek V, 2). Heidelberg 1956

H. Döbler, Die Germanen, Legende und Wirklichkeit von A–Z. Ein Lexikon zur europäischen Frühgeschichte. Gütersloh 1975

Quellenwert der Germania und deutsche Altertumskunde

K. Schumacher, Die Germania des Tacitus und die erhaltenen Denkmäler: Mainzer Zeitschrift 4 (1909) 1 ff.; wiederholt in: Germanendarstellungen (Mainz 1935) 52–72

G. Wolff, Tacitus' Germania und deutsche Frühgeschichte: Neue Jahrbücher für das klassische Altertum, Geschichte und deutsche Literatur und für Pädagogik 54 (1924) 9–18

E. Fehrle, Die Germania des Tacitus als Quelle für deutsche Volkskunde: Schweizerisches Archiv für Volkskunde 26 (1926) 229–253

F. Frahm, Cäsar und Tacitus als Quellen für die altgermanische Verfassung (ein Beitrag zur Kritik ihres Sprachgebrauchs): Historische Vierteljahrschrift 24 (1928) 145–181

K. R. Melander, Tacitus' Germania als Quelle der deutschen Frühgeschichte (Annales Academiae Scientiarum Fennicae 47, 2). Helsinki 1940

G. Walser, Rom, das Reich und die fremden Völker in der Geschichtsschreibung der frühen Kaiserzeit, Studien zur Glaubwürdigkeit des Tacitus (Basler Beiträge zur Geschichtswissenschaft 37). Basel 1951

K. Tackenberg, Die Germania des Tacitus und das Fach der Vorgeschichte: Festschrift M. Wegner (Münster 1962) 55–70

H. Jankuhn, Die Glaubwürdigkeit des Tacitus in seiner ‹Germania› im Spiegel archäologischer Beobachtungen: Der altsprachliche Unterricht, Beiheft I zu Reihe XIV (1971), 142–151

C. Annibaldi, La Germania di Cornelio Tacito nel ms. latino n. 8 della Biblioteca del conte G. Balleani in Jesi, Edizione diplomatica-critica. Leipzig 1910

R. Till, Handschriftliche Untersuchungen zu Tacitus Agricola und Germania. Berlin 1943

J. Perret, Recherches sur le texte de la ‹Germanie› (Collection d' Études latines, Série Scientifique 25). Paris 1950

C. W. Mendell, Discovery of the Minor Works of Tacitus: American Journal of Philology 56 (1935) 113–130

L. Pralle, Die Wiederentdeckung des Tacitus. Ein Beitrag zur Geistesgeschichte Fuldas und zur Biographie des jungen Cusanus (Quellen und Abhandlungen zur Geschichte der Abtei und der Diözese Fulda, Bd. 17). Fulda 1952

H. Beumann, Tacitus in Fulda? Hessisches Jahrbuch für Landesgeschichte 3 (1953) 291–296

Fortleben und Wirkung

F. Haverfield, Tacitus during the late Roman Period and the Middle Ages: The Journal of Roman Studies 6 (1916) 196–201

B. Krusch, Die Übertragung des H. Alexander von Rom nach Wildeshausen durch den Enkel Widukinds 851. Das älteste niedersächsische Geschichtsdenkmal: Nachrichten von der Gesellschaft der Wissenschaften zu Göttingen, Philolog.-Histor. Klasse 1933, 405–436 (Text 423 ff.)

E. Silvio Piccolomini, De Ritu, Situ, Moribus et Condicione theutonie descriptio, Leipzig 1496

M. Radlkofer, Die älteste Verdeutschung der Germania des Tacitus durch Johann Eberlin: Blätter für das Bayer. Gymnasialschulwesen 23 (1887) 1–16

P. Joachimsen, Tacitus im deutschen Humanismus: Neue Jahrbücher für das klassische Altertum, Geschichte und deutsche Literatur 14 (1911) 697–717

J. v. Stackelberg, Tacitus in der Romania, Studien zur literarischen Rezeption des Tacitus in Italien und Frankreich. Tübingen 1960

E.-L. Etter, Tacitus in der Geistesgeschichte des 16. und 17. Jahrhunderts (Basler Beiträge zur Geschichtswissenschaft 103). Basel–Stuttgart 1966

VERZEICHNIS DER VÖLKERSTÄMME

Die Zahlen geben die Kapitel an. Nicht aufgenommen sind Fremd-
völker außerhalb des mitteleuropäischen Raumes.

INHALT